你說的是愛還是傷害

坦率擁抱真心的
20個非暴力溝通練習

陳亭亘——著

目錄

「我覺得情緒是種沒有必要的東西」

暖身練習 整理你有過情緒的二次經驗，與得到的回應

「需要是種被商人創造出來的東西」

暖身練習 整理你曾感覺到需求的三次經驗，試著指認出那些需求

「我沒有不舒服，只是有點發燒」

暖身練習 整理你面對身體需要的兩次經驗

1-2 症狀二：難以掌握自己該承擔的情緒與責任界線

「如果讓別人不舒服，就是我的錯」

暖身練習 試著回憶那些曾為別人的不舒服負責的時刻

「如果我犯錯會死得很難看」

暖身練習 試著寫下三個生活經驗，至少有一個是你並沒有犯錯

「我覺得他這句話的言外之意是……」

暖身練習 放慢速度，意識自己的「壓縮與解壓縮」

Chapter 2

生活中常見的言語暴力

Chapter 3

假使不別過頭去，會是什麼「心」語言？

各界推薦

人們經由語言表達，卻也在表達途中迷失。正因經歷語言的迷惘、脆弱、武裝，亭亘才能整理、書寫出你我也曾遭遇的受傷現場。透過這本書的陪伴與引導，我們得以有機會練習對話，使話語再次成為橋梁，搭建與人、與自己真實相遇的機會。

——朱剛勇（人生百味共同創辦人）

馬歇爾．盧森堡博士曾表示非暴力溝通是一種意識、一種語言，一種溝通，同時也是一種「影響的方法」——另外一個說法是「權力重構」。亭亘從自身的經驗出發，帶領我們覺察並跨越我們所習得的「語言中的暴力」，用愛擁抱我們與他人的獨特性，為自己選擇非暴力的「全心生活」。推薦給渴望自由表達的你。

——李志強（CNVC非暴力溝通認證培訓師候選人）

我相信，我們使用的語言不僅能「反映、表達」思想，還能「塑造」思想。日本神道教中，亦有「言靈」的概念：相信語言具有強大力量。然而，我們往往對言語習而不察、視而不見——特別是「暴力」的語言。

這本書不從特定心理學理論出發，也沒有太多專有名詞（又是另一種權威的語言），而是極為細膩地呈現日常言語暴力的「說法」，佐以貼近生活的「練習」，看清背後的「權力關係」。我發現，那反而讓我們得以走入自己內心深處，達到一種「明悟」。

因此，這是一本關於語言，也是一本關於思想、更是一本關於自我的好書！

——黃天豪（新田／初色心理治療所首席顧問臨床心理師）

拳頭的攻擊，痛的是身體，但言語的攻擊，傷的則是內心，身體的傷有一天會復原，但心裡的傷則可能跟上一輩子。

有時我們會錯認了愛的形式，以為接受別人的負能量與情緒攻擊是一種包容，但這是錯誤認知，因為這樣不是愛而是害，傷害自己也無法幫助到對方，所以《你說的是愛還是傷害》這本書是溝通工具書，更是一帖心靈的治癒藥方，每個人都需要好好讀一讀。

——鄭俊德（閱讀人社群主編）

近年來，非暴力溝通在人際溝通中愈來愈受到重視，是因為人們長期深受暴力語言之苦。這暴力語言的來源有的是他人對待我們的方式，有的是自己對待自己的方式。如果我們想要學習「非暴力」語言來改善人際之間及和自己的關係，首先我們必須認識甚麼是「暴力」的語言。

如果「暴力」是指造成傷害的行為，那麼我們在溝通中有很多語言是暴力的。比如；批評、指責、辱罵、比較、貼標籤、命令、迴避責任、應該，或對人判斷誰是「好的／壞的」或什麼是「對的／錯的」，這些可以稱之為「暴力」的語言。

如果您無法辨識關係之中「暴力」的語言，那麼就很難了解甚麼是「非暴力」的語言。如果你想要對「暴力」的語言有更多的認識，推薦你來看《你說的是愛還是傷害》，這本書是通往非暴力溝通的入門書。

——鄺麗君（美國非暴力溝通中心培訓師候選人）

我喜歡「坦率」「擁抱」「真心」這三組詞，但我必須說，實踐起來真不容易。不過別擔心，讀讀這本書，練習、應用在生活中，你會變得更有信心一點。

——蘇益賢（臨床心理師）

推薦序 愛的語言相對論

林文蔚

在我服務的矯正機關是個人與人相處張力頗大的地方，也由於監獄裡服務管理的對象特殊，暴力言語對我來說不算陌生。畢竟在這個弱肉強食的特殊環境裡，人不甘示弱就要想辦法武裝自己。而口語、肢體上的暴力就是最常見的武器。

在和亭亘討論關於言語暴力造成的傷害，以及非暴力溝通對我們的幫助時，本以為職場上的語言暴力會是我最最在意的，可沒想到第一時間閃入腦海的竟是一句：

「我們家的臉都被你丟光了。」

在那一刻，我清楚地想到國中時的自己，因為成績欠佳而被老師體罰後，母親看到成績單時的這句一時氣話卻才真正讓我感到痛苦。這早已遺忘的往事卻在數十年後被喚醒，也由於有和亭亘的討論，讓我有機會得以覺察自己常自我批判的模式，直視其來處，進而釋懷。

由於人來自不同的種族、語系、家庭，每個人所使用的語言也承載了各種的文化與習慣，但同時語言也決定了我們用何種方式思考。它不僅是表述思想的工具，更讓人得以表達情緒、形成感受。在台灣人的傳統裡，我們常會隱藏真實的想法和情緒，卻習慣把拐彎抹角的語句用在溝通，還有對自己的評價上，更不自覺地把暴力用在語言裡，於是誤解、心結、傷害也就於焉而生。

在《你說的是愛還是傷害》裡有許多的實例和練習，亭亘會一步一步帶領大家面對、直視、覺察、轉念，在這些言語暴力中什麼是事實，有什麼情緒，感受到什麼，進而打破迴圈，重塑言語、思考、情緒之間的連結，讓我們用嶄新的方式和自己對話、與他人溝通，並找到屬於自己心中的愛與共好。

（本文作者為家族系統排列師、獄政改革倡議者）

自序 指出散布的言語暴力，打開語言的可能性

身為一個害怕遭受言語暴力的膽小鬼，如果可以，其實我不想指認「言語暴力」。然而，我從自己的經驗理解到「指認言語暴力」能帶來療癒，逐漸找回健康的自我界線，也找回自我悲憫的能力。

我身為言語暴力的受害者，也曾經是言語暴力的加害者，因「指認言語暴力」承受很大的羞愧感，卻也打開了一扇窗，讓我發現原來語言是「充滿可能性」的。它既能像一把鎖固定住關係，卻忽略對方感受，也能像一把鑰匙打開關係，讓人好好談話、活得自在。

我們每天都在說話，說話的同時也進行著選擇，選擇讓我們的語言變成「鎖」或是「鑰匙」。假使大家都選擇成為彼此的鑰匙，能帶來自我肯定與自我悲憫，也迎來自尊與自愛。但無論如何，理解言語暴力只是一個開端，能幫助我們更有意識地說話，也更有意識地展開與人的互動，更讓我們說的話貼近自己的心，而非胡亂

說著言不由衷的話，然後再說「我不是這個意思」。

指認言語暴力的過程幫助我拿回自己的力量，也幫助我學會正確使用自己的語言與人連結，進一步減少傷害。我猜想，或許不是只有我一個人能像這樣獲得益處。所以，即便我明白指認言語暴力也是一種言語暴力，但也想試著幫助那些跟言語暴力共生過久而難以辨識的人們，踏上這條讓我獲益且療癒自己的路。

寫給站在自我療癒的路口，總是不知如何踏入的你

謝謝你從書海裡拿起這本書，願意試著一起思考我們日常生活所使用的「語言」。

看來稀鬆平常的「語言」究竟給我們帶來怎樣的影響？我們又究竟如何被暴力的語言傷害？圍繞在暴力語言裡的人們會有怎樣的狀況？是什麼讓「愛自己」「同理心」變得這麼難？

那些傷害跟言語暴力是如此難以指認，所以我們多半習以為常，卻又隱隱地在

內心的某個角落受傷；總是無從找到理由自我安撫跟照料，因為自認「這一切本來就沒什麼。都是我太小題大作了，是我太敏感了，最好不要引起別人的注意，否則一定會被說成玻璃心或草莓族，不要感覺到這些就沒事了」。

這些都是你曾有過的想法嗎？那麼，這本書正是為了這樣的你而寫的。

為了「彷彿總是哪裡出了錯」而無法開懷大笑的你；

為了「總是覺得自己有問題」而無法肯定自己的你；

為了「聽不懂『愛自己』究竟是什麼」的你；

為了「因為別人的一句話耿耿於懷」卻無法放過自己的你；

為了「因為各種批評謾罵感到不舒服」卻不知道該怎麼辦的你；

為了「總是跟人有點距離」而找不到歸屬感的你；

為了「總是把自己當成工具人」而無法感受自己的你；

為了那個「想好好愛與尊重彼此」的你，我試著寫下這本書。

在學習非暴力溝通（Nonviolent Communication，簡稱NVC）之前，我其實很少意識到自己所使用的語言是否有「暴力」的成分，也未曾注意過「原來我對自己說的話這麼暴力」「我也複製著這些暴力去對待別人」。縱使我已經很認真地希望「跟大家共好」，但由於缺少辨識的能力，讓我一直複製外在環境的各種言語暴力，以此和自己與身邊的人相處。因為這樣，我一直難以得到內心的平衡。

我花了一段時間才領悟到，我們使用的「語言」，反映著自己與世界的關係，包含我們與自己、我們與他人，以及與各種不同弱勢者的關係。當我們的語言裡總是攜帶著批判、評價、否定、命令時，不僅針對著外界的某個人或某件事，也會批判、評價、否定跟命令自己。這樣的語言會阻卻我們對自己的同理，會讓我們難以認同自己的價值，也會讓我們難以跟所愛之人建立關係。明明是想靠近，卻總是把對方往反方向推，因而感到越來越寂寞。此外，也不是不開口就沒事了，因為「我口說我想」，沒說出口的那些話也可能持續有著影響力，特別是那些會傷害自己的句子。

我喜歡非暴力溝通有許多理由，最簡單的就是，它並沒有那麼強烈的批判性。

相較於許多心理學的理論直指人心，被指著的「個人問題」往往讓人感覺疼痛不堪，有時候除了逃，不知道還能做些什麼。但非暴力溝通很單純，只將重點放在「語言」上，不逼你討論童年時代的經驗、不需要描述家庭的組成跟歷史、不挖掘那些總是引起創傷的記憶，只討論我們使用的「語言」，使其盡可能「非暴力」地存在著，好讓更多的經驗能夠訴說出來、讓我們能好好地與所愛之人連結。

試著學習非暴力溝通，讓這把「語言」的鑰匙，帶著我們一起打開可能從未訴說過的經驗、看見彼此從未發現的差異，一點一點地學會對自己溫柔，也一步一步地學會對彼此溫柔。

這是一個逐步邁向多元、強調各種不同處境都該被看見的時代。非暴力溝通能讓我們的「語言」帶著自己的思維前進，發現自己身上那許多的「不同」，也帶我們去擁抱與自己不同的存在，不彼此壓迫地好好在一起。

願我了知我的平和與世界的平和同一無二；
了知世界的平和乃是我們行事正直的結果。
願一切眾生平安、喜悅及安詳

——慈心頌，摘錄自《直到死亡貼近我》

Chapter 1 言語暴力受害者常見的樣態

「如果你不曾處於言語虐待的關係中，你會非常難以理解言語暴力是什麼情況。但要是你處於言語虐待關係中，可能會永遠辨認不出言語暴力是什麼。」

—《言語暴力》，頁六八～六九

言語暴力之所以能帶來致命傷害，就在於我們好像沒被奪走什麼，只是接受它的豢養，並因此失去了「健康的自我狀態」。

相較於更嚴重的家暴、兒虐、性侵害與各種剝削，「言語暴力」好像算不上什麼嚴重的傷害。但正因如此，它所帶來的損傷才會這麼持久，畢竟我們通常都不把它當一回事，所以不會制止施暴者，也不會療癒受害者，卻反過頭來攻擊「連這樣的小事都不能忍受，還打算怎麼混下去」「這樣一句話就反應這麼大，你玻璃心喔」。因為缺乏對「言語暴力」的認識，我們會情不自禁地對外、也對內複製著這一切的暴力，並同時因此承受著外界紛亂的彼此攻擊，與內心狂亂的自我撻伐。

言語暴力造成的傷害通常是看不見的，卻是在當事人內心瘋狂颳著的沙塵暴，持續造成傷痛。它在我們的生活中如此稀鬆平常，要試著舉出一個「沒有言語暴力」的句子反而是件難事。我們或許會想到一、兩句看似暴力的語言，卻認為「才這樣一句話，哪有這麼嚴重」「連這樣都受不了，以後怎麼在這個世界上活下去」「這個世界就是這麼現實」，間接認同這樣暴力的語言，而從來都沒有機會正視它究竟如何戕害自己，進而逐漸活成一個鬱鬱寡歡、不太清楚自身渴望、總是不快樂的人。

那種散不去的陰霾感總是籠罩著自己，無法對自己滿意，也無法對身邊的人滿意；總是覺得自己像局外人，充滿無助、無力與挫折。假使你也曾經有過這樣的感受，或許，你也是言語暴力的受害者。

認清自己的角色，不是為了揪出施暴者，而是為了從自己開始減少暴力。為什麼不需要找出他們進行盛大的清算鬥爭？從我的角度來看，主要的理由在於**我們或許是第一群有機會思考「言語暴力」在自己身上造成多少傷害，並展開自我療癒的一代**。

我們的父母、祖父母、曾祖父母，都處於更缺乏資源、有生存危機、無法妥善安穩照料情緒的世代。我們當然可以責怪父母以言語暴力撫養自己，但他們難道就能擺脫這個困境嗎？而祖父母的孩提時代，又何曾有機會不受言語暴力影響？這樣思考時，就能理解「抓出首位言語暴力兇手」這樣的概念是不可行的。

清算鬥爭只是新的言語暴力，要停下散布在這世間的言語暴力，我們唯一能做的只有「往內走」，從自己身上的言語暴力開始，細細地看清這一切如何傷害自己，以及自己又如何無意識地複製這一切。然後，從自己的內在開始，決心成為那個不再重複暴力、願意成為這個世界「心靈環保」起點之一的人，而這不是一件容易的事。

透過指認言語暴力，我發現了一條屬於自己的療癒之路。感謝每一位為我示範的前輩，也感謝願意勇敢踏入這場心靈冒險的你。期待從接下來這一章的症狀描述，你也能逐漸分辨自己是否為言語暴力的受害者。

哇，你失眠得很嚴重欸，你壓力很大嗎？
Doctor

壓力……
呃……

那是什麼？
可以吃嗎？
長啥樣子？
……
Doctor

1-1 症狀一：與自己失聯

「我覺得情緒是種沒有必要的東西」

你曾經說過這樣的句子嗎？它有很多變形，像是「我希望能沒有情緒」「我想學習怎麼不帶情緒工作」「我覺得有情緒很困擾，能不能不要有情緒」「我才不需要情緒」「你有情緒，我沒有辦法跟你溝通」之類的，認為自己的情緒或是別人的情緒是「沒有必要的」「歇斯底里的」。這種類型的句子，都反映著你是言語暴力的受害者。

情緒，其實是人類的自然反應。是我們生而為人，與外在的環境接觸，遇到許多人、事、物，自然就會升起的一種反應，高興、喜悅、悲傷、憤怒、無助、孤獨、哀愁、痛苦……這一切情緒都會像潮水般經過我們。

然而，當我們遭逢到長期的言語暴力，例如對情緒的喝斥：「哭什麼哭？」「男孩子怎麼可以哭？」「女孩子怎麼可以生氣？」「話好好講，不要用哭的！哭不能解決問題！」「氣死也沒有人管你，就繼續氣吧。」「你就是愛生氣，難怪沒有人喜歡你。」「你這樣歇斯底里，我沒有辦法跟你溝通。」「情緒化耶你！能不能溝通啊你！」等，導致我們學會「不能表現出讓〇〇不高興的情緒」，或是「不能表現出自己的情緒，以免〇〇不高興」。

假使在成長的過程裡遇到許多次這樣的經驗，我們會開始練習自我制約，那不是為了滿足個人內在需要的健康制約，而是為了滿足他人的外在需求、為了不讓某某人不開心、為了免於遭受責罰、為了免於被羞辱、為了免於被威脅，於是我們開始學習控制及隱藏情緒。

不去試著理解自己身上究竟升起或淡去了什麼樣的情緒，而是在恐懼下學會「情緒只會帶來困擾，所以不能允許它的出現」。原先可以自由流瀉而過的情緒，就這樣走入只能進不能出的高壓情境。往外流的閥門被緊緊密合，只允許表現出挑選過的部分「安全情緒」。或者，我們甚至會認為「全部的情緒」都是不容展露的、情緒本身就是危險的，或是沒有必要的存在，只會製造麻煩而已。如果沒有情緒最好，就連管理都不需要了。至此，我們通常被當作一個「合格」的社會人，卻也走上了與情緒失聯的道路。

情緒表達的經驗、情緒如何被對待的經驗，會影響我們如何看待自己的情緒。反覆遭受言語暴力的經驗，可能會壓抑著個人對情緒的認識，也摧毀了個人對情緒的接納，從而遠離自己的情緒，再也無法感受、無法辨識、無法指認、漸漸無法忍受自己有情緒，也逐漸無法忍受別人有情緒。

無法接受生而為人必然會有的情緒，巴不得割除有情緒的自己，這樣的自我鬥爭，天天於內心上演，也讓我們更不可能有餘裕去嘗試各種「調整」，畢竟應付內在一直升起的情緒就已經夠累了。所以，我們試著將「情緒」鎖在意識的門外，好維持基本的功能，並活成一個跟自己情緒失聯的人。

如果你發現對自己的情緒非常陌生，或許這是接回情緒的時候了。

暖身練習

整理你有過情緒的三次經驗，與得到的回應

如果你願意，請一起試著做以下這個練習。幫自己準備一個「不會遭遇言語暴力」的情境，例如一個人獨處、在沒有人理會你的咖啡廳，或跟著你很信任且溫柔的朋友一起練習。

為了幫助你能夠因應可能浮現的情緒，不會在情緒浮現的時候太過焦慮或緊張，可以依照自己的速度進行練習，告訴自己：「這個練習的速度都是由我自己掌控，如果我不舒服，可以隨時停止，用我覺得舒服的方式照顧自己。」

如果你覺得填寫這個表格有點困難，不妨參考我整理的個人經驗，也許會給你一點靈感，但請記得你是獨一無二的。這個練習是為了幫助我們覺察，而不是繼續複製言語暴力，如果你發現正在苛責自己，或複製他人對你說的暴力語言，請試著停下來。

請你試著在下方表格內寫下三件曾經讓你很有情緒的經驗，以及當時是否曾經有人對你說過什麼話。每一次整理完「經驗」跟「他人說了什麼話」，可以試著感受那句話給你什麼感覺，它是支持你肯定自己的情緒，或是否定你感覺到的情緒、否定你的經驗？然後看看有什麼發現。

經驗（當時發生什麼事）	他人說了什麼話？	支持或否定情緒？
搭飛機遇到亂流很慌張，跟身邊的家人求助。	「不要怕，這樣死掉是家人能賺最多錢的方法。」	否認情緒。
在工作上遇到具有攻擊性的服務對象，差點被打。	「你剛剛一定很緊張吧，沒事了。」	支持情緒。

經驗（當時發生什麼事）	他人說了什麼話？	支持或否定情緒？

真正的需求
安全
滿足!
友情、被接納
自由!
賺錢第一
工作第一
努力

「需要是種被商人創造出來的東西」

我曾經是那個在別人問「你需要什麼？」的時候，回應「我什麼都不要，需要是種被商人創造出來的東西」的人，你也曾經做過這樣的回應嗎？這個句子有許多變形，像是「我不需要任何東西」「我只需要別人都不要來煩我」「我需要很多錢」。這些句子反映的東西大同小異，都是不清楚身為一個「人」的自己「需要」什麼。

言語暴力帶來的效果就是分類與標籤，同時放大人們內心的想像，將自己只視為「具有某種功能的工具人」，而不是「完整的人」。當我們無法將自己看作一個「人」，而是一個可以無限工作、為了賺大錢而拚命的螺絲釘，自然也看不到屬於一個人，會需要怎樣的休息、睡眠、安全感好來維持自己的善意。連自己身為一個人的需求都看不到，更不允許，自然也不可能容忍別人有需求。於是，這讓我們陷入一種弱弱相殘的暴力循環，逼迫彼此符合更多「外界的標準」。

言語暴力也讓我們很容易被「手段」所迷惑。如「我需要錢」這句話背後，通常需要的並不真的是錢，而是錢帶來的「可選擇性」，能以自己為主體選擇或支配自己的生活；或是錢帶來的「安全感」，能不用擔憂三餐、擔心周轉不靈；或是「與人的連結」，能好好享受生命，好好跟身邊在意的人連結，擁有豐盛的關係。

我們時常讓「手段」取代了「需求」，也遠離了自己。

暖身練習

整理你曾感覺到需求的三次經驗，試著指認出那些需求

需求，通常是匱乏時比較容易感覺得到。受限於台灣人使用語言的習慣，我們通常很少直接指認需求，反而花更多的時間在討論如何滿足需求的「策略」，以及誰有資源、誰有權力之類的問題。這些與需求無關的問題時常占據了我們的心靈，讓我們不太習慣指認它。

下面彙整了許多人們共通的「需求清單」，請試著瀏覽這份清單，感覺一下每個詞跟你的關係。也許有些詞你非常陌生，甚至不知道是什麼意思；也許有些詞你非常熟悉，是一直以來十分在乎的需求；也許有些詞彙會讓你突然茅塞頓開，想起「原來曾經渴望被滿足的需求就是這個！」無論如何，請試著接納自己的各種情緒與反應，無論熟悉或不熟悉，有感覺或沒有感覺都是正常的，可以順著自己的興趣進行這個練習。

需求詞彙表：

- 愛
- 玩
- 連結
- 慈悲
- 創造力
- 整合
- 社群
- 慶祝
- 健康
- 放鬆
- 幽默
- 和諧
- 空間
- 哀悼
- 平等
- 善良
- 支持
- 貢獻
- 探索
- 休息
- 信任
- 尊重
- 能力
- 自主
- 正直
- 一致性
- 覺察
- 接納
- 友誼
- 被重視
- 開放
- 被看見
- 獨立
- 溝通
- 意義感
- 包容
- 選擇
- 真實性
- 責任
- 成長
- 保護
- 安全
- 學習
- 認可
- 同理心
- 理解
- 目的
- 自由
- 自我表達
- 穩定性
- 體諒
- 溫暖
- 歸屬感
- 秩序
- 親密
- 自我肯定
- 健康
- 啟發
- 誠實
- 被聽見
- 美好
- 和平
- 滋養身體
- 欣賞
- 紀念
- 性
- 清晰
- 變化
- 愉悅
- 社會信任
- 公義
- 效率
- 關懷
- 合作
- 挑戰
- 平衡

你可以挑選三個特別有感的「需求」跟曾經意識到這個需求的經驗，將它整理起來。

被滿足或匱乏的「需求」	我的經驗
連結	希望透過這本書幫助大家開啟跟自己的連結，也希望讓我有機會與大家產生更多連結。
慈悲	花了很久的時間，我才了解言語暴力的受害者們，都很需要滿足「慈悲」的需求，對自己，也對彼此慈悲。

你不是還在發燒嗎？別太勉強。
有點累而已，沒什麼大礙，該做的工作還是要做啊！

只是發燒到43度，這樣就不工作，講出來會笑死人……

……

「我沒有不舒服，只是有點發燒」

如果你曾經漠視身體的狀況，並且習慣被迫將別人的價值優先於照料自己的身體，你可能也會說出這樣的句子。它們的特徵就是漠視自己身體的感受，跟身體失聯。為了安撫別人，繼續逼迫自己勞動，無視身體已經發出的一些訊號，持續地勉強自己。

如果你曾經遭受不當的言語暴力攻擊，可能會很習慣「忍耐」與「控制」自己的身體，好回應跟配合有權力的人，以避免遭受更嚴重的攻擊。

我們時常期待「忍忍就算了」之後能皆大歡喜，但往往等來的是「忍耐」等於「自我殘害」。為了當一個懂事的人，我們時常掐緊想說「我不舒服」的自己、掐緊喊著「我很委屈」「這不公平」「我不願意」「我不舒服」的自己，成為一個識大體、社會化的大人。一開始忍耐時會劇痛，漸漸地就不痛了，然後也就看不到痛了，不論自己的或別人的。

用盡全力地忍耐，為了眼前的目標奮力奔馳，卻很少給那個一息尚存的自己一點時間，回頭問自己：「你感覺舒服嗎？」「怎麼做能讓你更舒服一點？」「很勉強身體的話就不要做了。」「不舒服的事不用勉強，你可以做自己願意做的。」缺乏示範的我們，也時常不知道如何對自己更好一些。每一句話聽起來都如此奢侈，像不可能成真的夢。

忍耐得久，我們就變得沒有聲音了。而自我疼惜、自我憐憫，則漸漸被迫以扭曲的樣子在有限的空間裡發展。像人類為了自己方便掛衣、運動，而綁在樹上的鐵線，它嵌進樹裡，然後就此被遺忘。而樹則需要試著跟這個「外物」和諧共處，無法主動排除它，就只能試著將它化為身體的一部分，才能不妨礙自己的生長。

恣意作為的人已經走了，但留下的人還在適應。言語暴力就像那些嵌進心靈的鐵絲，深到感覺拔不出來，必須要費好大的功夫才能把它們都解開。像是那些阻止自我悲憫的句子、要求個人犧牲自己顧全大局的句子，都深深地傷害我們，卻已嵌入血肉，讓我們不確定自己是否有勇氣拔除它。

你也時常咬緊牙關，忍耐傷害自己的事發生嗎？你也時常掐緊自己以保持安靜，不打擾別人嗎？如果能夠不要那麼忍耐，你會做些什麼，對自己的身體更好一點呢？

暖身練習

整理你面對身體需要的兩次經驗

在成長的過程中，不可避免地會把回應大人的要求設為自己的目標：「不要現在上廁所。」「不要亂動。」「這哪會熱，穿這樣才保暖。」「這不會不舒服。」「這樣才好看，哪有那麼不舒服。」……這樣的語言要求我們停下對身體的感覺，去靠近大人想要的樣子，並在整個成長的歷程裡，反覆接收到類似的語言，於是我們逐漸長成對自己身體不太敏感的大人。

如果你也對身體不敏感、很難感覺到自己的身體、不知道如何照顧自己，那麼，接下來的這個練習邀請你從「不舒服的身體經驗」開始，然後放慢速度，試著留心在腦海裡一閃而逝的那個句子。那通常會是容易讓你有情緒的句子，可能會感覺「身體越來越緊」「胸口悶悶的」，或感覺「身體逐漸鬆開來」「好像更能安頓於自己內在」。

試著寫下「曾經感受過的身體狀況」，以及「腦海中閃過的想法」，並在最後一格試著寫上它是「回應身體需要」，或是「否認身體需要」，然後看看你會有什麼發現。

我感覺到的身體狀況	我腦子閃過什麼想法	回應或否認身體需要？
有一次嚴重落枕，動彈不得，導致工作必須改期。	「幸好這份工作能擁有這樣的彈性，讓我照顧自己。」	回應身體需要。
很想咬牙，但因為牙痛而無法做到。	「覺得自己很廢、很沒用。」	否認身體需要。

小時候。
你那什麼臉？看了就不舒服！
隨時保持微笑是基本禮儀！
不當個乖小孩，我就不要你了！

長大後。
室友今天都不說話，是不是我做錯什麼讓他不開心？我好糟糕喔……
怎麼辦？
我要怎麼補償他，讓他開心呢？

1-2 症狀二：難以掌握自己該承擔的情緒與責任界線

「如果讓別人不舒服，就是我的錯」

你有沒有說過這樣的話呢？這個句型有許多類似的變化，像是「我不能讓別人不舒服」「如果別人不舒服，是不是我說錯了什麼」等等，這些句子反映的內涵都很相似，就是「別人的不舒服情緒，是我的責任」。

如果你也說過這樣的話，那麼你可能也是言語暴力的受害者。

非暴力溝通的第一堂課，我總是從「你覺得什麼是『暴力的語言』」這個題目開始。然後，我漸漸發現每次總是有許多同學認真地說：「我聽起來不舒服，或我造成別人不舒服的語言，就是暴力的。」這其實是從小就混淆了個人界線才產生的誤會。

在成長的過程中，常遇到大人這樣說：「要叫姐姐，不可以叫阿姨，不然人家會難過。」「阿姨要抱，你就給她抱，不然這樣阿姨會難過。」「你說這句話叔叔會難過，所以你要把這句話收回去。」「你說這句話沒禮貌，爸爸會生氣，覺得你是個壞小孩，所以你要道歉。」我們因而學會「原來我的想法是錯誤的」「原來我說的話會傷害到別人的情緒」「原來我需要為別人的情緒負責」，大人的情緒，原來是小孩子需要負責的，別人不舒服，原來是我要負責的。

萬一我有個經驗跟大家都很不一樣，說出來會讓大家不舒服，這時候我究竟應該坦然面對自己的感受？還是埋葬自己的特殊經驗，好讓大家都開心？假使我們都認為讓別人不舒服就是自己的錯，難怪我們只能當一樣的人，或至少偽裝成彼此相像，以避免造成他人不悅。

我們一邊說「多元」，一方面卻認為「讓人不舒服就是暴力語言」。

「我不會說任何讓你不舒服的話，我為你的情緒負責。你也應該這樣做，不然你就是暴力的人。」這樣的說法看似很能保障彼此，卻埋葬了那些真心話，好讓彼此「舒服」，於是越活越覺得動彈不得。

「為了別人的情緒負責」會變成一件無限上綱的可怕任務。因為擔心說出口的話會不小心傷到別人、觸犯到有權力者的逆鱗，遭致不成比例的懲罰。我們只能瞻前顧後、小心翼翼地控管自己要說的每一句話。掌權者的權力濫用似乎是一種必然，無論對方是政府、是父母或是主管，而我們只能默默地承受一切、謹小慎微地呼吸，避免自己被握有權力跟資源的人討厭。

「我好你不好」「我可以你不行」「我要為你的情緒負責」「民眾要為政府的錯誤負責」，由某一方承擔另外一方的「全部」責任，就是言語暴力的特性。它讓不該承擔的人負起超過分內的責任，卻又讓有些該被究責、該為自己情緒負責的人可以就此逃逸。

你也是從小被說「我不舒服都是你的責任」的那個孩子嗎？你願意開始踏上這條荊棘成長之路，只負屬於自己的責任，把別人的責任還給他嗎？

暖身練習

試著回憶那些曾為別人不舒服負責的時刻

我有一個對我很有啟發的經驗。

一次上課看著班上同學帶來的兩歲小朋友，覺得她非常可愛，於是很想伸出手逗她。同學認真地跟我說：「老師，我比較在意孩子的身體自主權，所以要碰孩子前，希望可以經過孩子的同意。」我一瞬間有點錯愕，卻馬上聯想到「原來我們都曾經這樣被對待」，而我正不當地複製著這一切。一瞬間，我有點羞愧，立志以後要逗孩子，也應該提醒自己尊重孩子的自主權。

許多時候，父母、親戚跟大人可能不見得是壞人，也並非抱著壞念頭要侵犯你的個人界線，但你卻可能在這樣的互動間損失了健康的自我界線，包含：我不可以拒絕大人跟我玩、我不可以擺臭臉讓大人難堪、我不可以讓大人不舒服。

大人的玻璃心卻要孩子來承擔，這樣的扶養過程侵蝕著我們的「人我界線」，很難區分清楚權力跟責任的關係，因此時常帶著這一團糊里糊塗長成大人，並將這一切複製到身邊的孩子、弱勢者、身心障礙者身上，要求他們為有權力的人負擔更多的責任。

為了展開療癒跟區辨，請試著回憶那些「曾為別人的不舒服負責」的時刻，以及「那時候別人說了什麼」。然後試著抽離，站在第三者的位置，而不是當時經歷這一切的你。看著你描述的這個經驗，思考雙方的關係跟這個責任歸屬是否合理？

這不會是一個練習就能讓你馬上想清楚的事，但希望能透過這樣的練習，讓你開始思索：「是誰在不舒服？」「彼此是怎樣的關係？」「這個負責關係合理嗎？」

誰不舒服要我負責？	我被說了什麼？	我們的關係是什麼？這個責任歸屬合理嗎？
小時候我叫了一位路人「阿姨」，對方眉頭一皺。	「不可以這樣叫啊，人家看起來這麼年輕，叫『阿姨』人家會難過，要叫姐姐。」	路人阿姨、父母、小孩（我）。 要求孩子必須為大人的情緒負責，不合理。
不想接受不合理的對待，所以決定轉換工作或生命的跑道，跟家人討論。	「你自己想清楚，自己甘願就好。」	家人、我。 為了照顧自己，我能移動到讓自己舒服的地方、選擇能滿足自己需求的氛圍或關係，並負起照顧自己情緒的責任。合理。

報告裡會不會有錯字沒改？
講電話會不會太大聲？
我昨天有沒有說錯話？
今天衣服搭配得好嗎？
請客的點心大家還滿意嗎？
桌子會太亂嗎？
啊啊啊啊啊啊

「如果我犯錯會死得很難看」

有多害怕失敗或犯錯，就顯示出曾遭受多麼嚴重的言語暴力。這個句型還有許多類似的變化，像是「我絕對不能失誤，不然我的人生就完了」「我的失敗絕對要藏好，不能告訴別人」「多做多錯，少做少錯，不做就不錯」，這些都反映出對犯錯的恐懼，皆來自犯錯時受到什麼對待的經驗。

面對生命的重要決策時，人人都期待自己不要犯錯。然而不同的環境、互動會帶來不同的強化。言語暴力會讓每一個人成為孤立的個體，也會讓彼此難以互相幫助，同時課以「絕對不能犯錯」的責任，而不是「假使犯了錯，我們可以看看怎麼幫助你，讓這件事更順利」。言語暴力的情境會讓人更害怕犯錯，非暴力溝通的情境則能讓人更感覺到聯繫跟被支持，有勇氣再次挑戰。

《第一本複雜性創傷壓力症候群自我療癒聖經》裡描述：「隨著這孩子學會不

能要父母保護他，找碴鬼的有害程式就會開始激增，而他唯一能做的，就是對出錯的可能性保持高度警覺」（頁一一二），以及《這不是你的錯：如何治癒童年創傷》裡提到：「成為受害者讓我們覺得很無助，進而感到受辱和羞恥。為了抵禦這種羞恥感和無助感，我們寧可將受害歸咎於自己。」（頁七五）

小時候你曾犯過什麼樣的「錯誤」嗎？之所以將錯誤加上引號，其實是因為那些不一定是真的錯誤，更多時候源自於「發話者內心一時的標準」，並不是真正客觀的標準。也許今天做沒有關係，明天做就會很慘。通常這些都是細瑣的一些小事，卻關乎身為一個孩子能不能免於斥責、能不能順利做想做的事、能不能讓需求獲得滿足。

但由於那些浮動的錯誤標準跟僵硬的懲罰，孩子們通常很容易受到驚嚇，也很容易因此將這些「錯誤」深深烙印在心底。一有犯錯的可能性就會很焦慮，容易勾起很深層的恐懼與緊張。因此時時謹記著不要犯錯，要細細地確認完每一條「紅線」才能放心地踩下去。這樣的生活其實對心靈是個很大的負擔，我們的人生選擇往往也因此受到限制，只能在「感到安全」的地方生活，缺乏勇氣踏出舒適圈。

有一些孩子在成長的過程會感受到充足的愛與保護，明白自己是安全而有人照料的。如果有需要，他隨時可以求助，成人是不會拒絕的。因此，他會慢慢學習著用自己的力量探索世界，逐漸拒絕被幫助跟保護，好挑戰自己的能力。

然而，另一些孩子在成長的過程裡，會遭受非常多言語暴力與情緒忽略，所以逐漸理解到自己是「不能求助的」，因為求助對狀況沒有好處，而且只會加倍自取其辱。於是，他們慢慢不再向外求援。更加深刻的問題是，為避免被恣意攻擊，遭逢突如其來的言語暴力或肢體攻擊，孩子會漸漸「避免各種犯錯」。像是內心裡有張無限長的清單，上面滿載過去挨罵的各種細節，以及父母或師長在什麼心情下會在意哪些事情。無盡地檢核、迴避錯誤，好閃躲掉突然降臨的痛苦。

於是，不能犯錯、害怕犯錯、近乎強迫地檢核與迴避錯誤的性格就這樣養成了。也就是上面提到的「找碴鬼」。這樣的人會拚命找自己的碴：「你就是不夠小心啦，活該被罵。」「說話不能太大聲，會引人注意、被攻擊。」「長得有夠醜，誰看誰討厭，不要讓人注意到。」「你不會說話！閉嘴就好。」拚命地找碴，就為了確保自己不會遭受突如其來的攻擊。

「找碴鬼」自然不只是找自己的碴，也會對關心的人「找碴」。因為他只學會用這個方式保護自己，也不知道是否還有別的好方法。越愛越找碴，愛自己等於找自己的碴；愛對方也變成愛找碴。無限的自我批判跟批判對方，永遠無法放鬆。

你的「不能犯錯」跟「找碴鬼」心態背後，又有什麼故事呢？

暖身練習

試著寫下三個生活經驗，至少有一個是你並沒有犯錯

關於「犯錯」的記憶，通常與情緒緊密相關。這是源自於人類如何在荒野中「趨吉避凶」活下去的生存需求，所以大腦的設計上本來就會將「容易勾動強烈情緒的犯錯」記得特別牢靠，並期待不要再犯下這樣的錯誤，才能免受獅子老虎攻擊，順利地存活下去。這樣的「犯錯」記憶，不見得代表你從沒做對事情，也不代表你是個不好的人，卻特別容易烙印在心裡，也特別容易做為組織自我的素材。如果你發現自己很害怕犯錯，那麼這是一個機會，讓你站遠一點看看自己的經驗，看看自己內心的這種傾向。

整理跟描述這樣的經驗，是為了幫助你靠近自己，用自己的話說一個關於自己的故事。為了平衡這個練習，請試著寫下三個生活經驗，然後至少有一個是你並沒

有犯錯的經驗，讓你可以互相對照參考，體會自己對這些經驗的不同感受。

發生什麼事	誰說了什麼	對我的影響
小時候貪玩，總是忘了吃早餐，結果麵包塞在書包裡發霉了。	母親說：「這個小孩講這麼多次都教不會，我們不要了，帶去育幼院丟掉。」	我是不能犯錯的，犯錯會產生我無法承受的嚴重結果。
每天寫作推廣心理健康知識。	父親說：「我實在很佩服妳，怎麼每天有那麼多東西可以寫，打字又那麼快。」	原來我有一些能力是父親沒有的。

跟妳說，新來的女同事很會打扮又會做事，聽說廚藝也很好呢！
喔……
我是不是該減肥學打扮？去學料理？他是不是希望我變得像他女同事那樣？

你今天比較早下班耶！
你的意思是我偷懶或過太爽嗎？

我的耳機壞了，想買新的。
真的壞了嗎？
什麼意思？
你不相信我？
你覺得我在騙你？
我不配買新的耳機？

「我覺得他這句話的言外之意是……」

如果你聽別人說話的時候，也很習慣這樣想，情不自禁把語言壓縮與解壓縮，覺得「知人知面不知心，多想一點（對方的意思）總是不吃虧」。那麼，你大概也是長期言語暴力的受害者。也就是「我不負責把話說清楚，但你要負責把話聽清楚」的受害者。

舉例來說，假使今天送禮物給媽媽，她說：「這個無彩錢。（台語：浪費錢）」接下來大家就會各自開始「解讀／解壓縮」這句話。例如「媽媽心疼你花錢」「媽媽覺得你工作辛苦」「媽媽其實很喜歡但不好意思說」，或是「媽媽其實不喜歡卻不好意思說」。然後每個人解壓縮的能力不一樣，同一個句子各自解讀後，聽起來也都大異其趣。於是媽媽不用負責把話說清楚，但你要負責把話聽清楚。

如果聽錯了、搞不清楚狀況、誤會了，就可能導致「你怎麼這麼笨」「我養你要幹嘛，連這個都不懂」「連媽媽的心都不了解，你的心都不在家人身上」的羞辱或攻擊。媽媽依然沒有把自己內心的話說清楚，但她不必這麼做，因為都是你聽不清楚、都是你笨才搞不清楚。

言語暴力背後的核心通常是「不對等的權力」：我懂你不懂、我會你不會、我可以你不可以、我知道你不知道、我命令你服從。在這樣的脈絡下，聽話的人通常只能搞不清楚狀況，卻得接受羞辱跟責備。如果他必須依賴這個施暴者才能活下去，那麼通常就只能把這些羞辱跟責備收進心裡。「是我不夠貼心，沒有了解媽媽的心」「是我笨，沒有體貼媽媽」「如果我多理解一點，媽媽就不用花這麼多時間解釋」「我果然很糟糕」。**言語暴力，正是一系列「我迴避自己的責任，卻把它轉嫁到你身上」的語言。**

如果你發現自己有「把話語解壓縮」的習慣、常在字面之下找答案、想聽出言外之意的話，或許，你也是言語暴力的受害者，長年被要求必須在不對等的互動日常裡，必須準確解讀正確的意義，而不是發話者需要練習把話說清楚。

「把話說清楚」其實是很需要練習的。很多時候因為我們受著同樣的苦，所以能理解彼此的為難之處，也明白彼此說不出口的那些事，更懂得要彼此說清楚實在太為難，很失面子又很不好意思，所以不說清楚也無妨，但其實這樣的情境是既為難也危險的。

你不知道我解讀了什麼，也不知道這是否就是你的想法。這樣的習慣在兩人的互動，或是家庭互動裡或許出不了什麼大問題，但放在具有公共性的事務上，則很容易變得非常危險。我希望能不用把自己想做的事說清楚，但你要負責猜清楚，然後我們各做各的，會不會後來回過頭發現根本兜不起來？其實我解讀錯了，而你也沒有機會澄清？但後果究竟是誰要承擔？誰有辦法承擔？

讓我們試著練習「把話說清楚」的能力，執心平和地實踐。

讓我們試著停下「解讀／解壓縮」的能力，將對方的責任還給他們。

暖身練習

放慢速度，意識自己的「壓縮與解壓縮」

假使你是言語暴力的長期受害者，那麼可能會很難意識到自己在「壓縮／解壓縮」，因為你已經長期且自動化地在做這件事。所以，邀請你回想最近幾天的經驗，然後試著將「發生了什麼事情」「我聽到什麼」這兩格先寫下來。

然後，請試著回憶對方說的話，是否真的是你聽到的那個句子，還是其實不記得對方準確的用詞，只能掌握大概意思？如果這個練習有點困難，可以先跟家人互動，看看「你聽到的句子」是否跟「對方說的句子」一樣。這樣的「解壓縮」可能會發生得很快，也許一下子很難馬上覺察，可以多嘗試幾次，也將這個練習告訴家人，邀請他們一起練習，也許你們能更快發現「原來我在解壓縮」！

如果你能順利地填完「發生了什麼」「我聽到什麼」「對方具體說了什麼」，就可以發現自己聽到的究竟是對方具體說的句子，或是受到過去遭受的各種言語暴力影響，而忍不住壓縮／解壓縮的句子。有些時候，這些「壓縮／解壓縮」，可能讓我們的溝通變得更複雜而難以處理。假使我們沒有辦法對自己的壓縮跟解壓縮更有意識，更可能時常沒有把對方的話聽清楚，誤會了彼此的真心，那可是一件很麻煩的事。

發生了什麼	對方具體說了什麼	我聽到什麼	有／沒有解壓縮
我的耳機壞了，跟先生說要買一副新耳機。	「這個耳機真的壞了嗎？」	「我的耳機沒有壞，但我想亂花錢買新耳機。」	有。先生只是想幫忙確認耳機是否壞了，我卻認為他指責自己。
家裡頭有點髒亂，先生忍不住說了話。	「家裡有點髒啊！」	「是我的責任，我沒把家管理好。」「家裡的確有點髒。」	第一句有解壓縮，先生表示他只是想描述事實，然後自己拿吸塵器來吸而已。第二句沒有解壓縮。

發生了什麼	對方具體說了什麼	我聽到什麼	有／沒有解壓縮

來，請大家說說自己的想法。
萬一是大家不喜歡的，怎麼辦？會被討厭吧？
呃……我的想法很普通，沒什麼特別好講的……

Please leave me alone……
真的沒什麼……

1-3 症狀三：缺乏表達自我、堅持自我的能力

「我的經驗沒有什麼好說的啦」

試著想像一下，假使今天老師在台上突然點到你，想邀請你分享一下自己的經驗，你會回答：「老師，我的經驗沒什麼好說的啦！」「我不知道要說什麼。」「我覺得自己的經驗很普通，老師你找別人回答啦！」「我沒有什麼特別，不要找我說啦！」之類的句子嗎？如果是，那麼，你大概也是嚴重言語暴力的受害者。

以自己的語言描述自己理解的世界，並透過自己的語言組織自己的樣貌，同時與重要的人發展關係跟連結，是身為人的天性，所以你必然曾經願意與人連結，希望能透過描述自身經驗與人交流。

然而，是什麼讓我們總忍不住覺得「自己沒有什麼經驗好分享」呢？是誰決定

哪些經驗值得說出來，哪些經驗又沒有價值呢？是誰總跟著你，並且準備替你說的每一句話訂上個標價、對錯與資格呢？

長期的評價、比較、否定、命令，如：「你怎麼這麼笨，連這個都不會？」「輪到你說話了嗎！」「你沒資格講話！」「你的經驗對這件事一點幫助也沒有！」「聽我說的做就對了！不要有那麼多自己的想法。」偶爾更糟一點還會混和諷刺跟嘲笑，如：「有沒有聽到狗在叫？還以為自己多厲害呢！」「對啊！你好棒棒！怎麼不是你當主管？」這些言語暴力的句型會讓人喪失自信，深刻地刺傷一個人，也會影響他如何看待自己。

言語暴力看似無痕，但日積月累的堆疊就能造成巨大的傷害。只差一步，就會通往「我沒資格活著」的深淵，心裡只想著：「我就講不出有意義的話。」「沒有人想聽我說話。」「我沒資格講話。」「我跟我的經驗都不重要。」「我是『生雞卵無，放雞屎有』的麻煩。」「我不應該有自己的想法。」「照著別人叫我做的事進行就對了。」「這是最不給人添麻煩的做法。」

但也有一些人，可能暴露在相對少一點言語暴力的情境裡，長成一個相對有自信、不那麼自卑、不那麼自我懷疑，並認為自己其實是重要的、相信自己值得活著的人。縱使是這樣的人，也並非就是不曾遭遇「言語暴力」的受害者。

「我覺得自己沒有什麼好說的」，是一種保護自己的做法。一方面展示著過去遭受的言語暴力傷害，一方面顯現著言語暴力依然頻繁地存在著。為了應付，最安全的方法就是將自己像蚌殼一樣地緊緊封閉起來，只要不打開自己的殼，別人就無法傷害自己，各方虎視眈眈的掠食者也沒有機會傷害自己。

充斥言語暴力的世界，是一個「會受傷是受害者的錯」的世界。正因如此，每一次開口，都常常是個很艱難的選擇：「我沒有什麼好說的」（嘗試自我保護）、「我的經驗是……」（嘗試信任）、「你浪費我的時間」（排斥對方的經驗）、「感謝你的存在豐富了我們的關係」（擁抱不同的可能）。

如果你願意試著打開自己的蚌殼，不妨做做下面這個練習。

從記憶中找出三件讓你覺得談自身經驗很恐怖的事

從什麼時候開始，談自己的經驗變得「很恐怖」？是從一開始就很嚇人，還是曾經發生過什麼，讓你覺得不應該說出自己的經驗，覺得自己的經驗不值一提，就算提了也不會有人想聽呢？

以下這個練習容易勾起情緒，這些情緒可能會讓你誤以為自己是個不好的人。其實並不是的，每個人都會有情緒，而且每個屬於你的情緒都是自然且理所當然的。無論你經驗到什麼情緒，都不表示你有任何問題。請允許自己經驗這一切，並知道這些都只是靠近受傷的自己必然會發生的事。一切看似恐怖的事都是正常的，你正勇敢地邁步靠近「傷痕累累的自己」，所以他會咆哮、丟東西、用盡一切力氣讓你不要靠近他。但我們需要更靠近一點，才能好好地將他抱在懷裡，告訴他：「一切都不是你的錯。」

請試著從記憶中找出三件讓你覺得「談自身經驗很恐怖」的事，也許是一件你親身經歷的事；也許是發生在朋友身上的事，但你當時旁觀跟陪伴時也連帶受到影響。

發生什麼事	誰說了什麼	對你的影響
老師上課問問題，我回答兩次以後，老師不再點我回答，回家跟媽媽講。	母親說：「妳那是愛現，以後要等沒有人舉手，妳才能舉手。」	總是要確認沒人會做，才決定做一件事。

哇哇
怎麼辦？我應該讓孩子適度表達情緒，對孩子比較好。
但我好怕吵到別人，萬一大家認為我是個失職的母親……
還是打包回家好了……
嗚哇
哇
唉，我也好想哭……

「雖然大家都說沒問題，但不知道為什麼，我還是怕」

你是一個做事總瞻前顧後，深怕某個環節沒考慮清楚的人嗎？或者你可能會時常在腦海裡浮現：「雖然大家都說沒問題，但我總是有點擔心」「我很怕萬一有沒考慮到的事」「我真的可以堅持自己的想法／做法嗎？」這樣的句子，如果你時常有類似的擔心，其實也反映著你應該是身處在一個言語暴力的環境裡，是言語暴力的受害者。

你可能會很在乎各種不同的意見跟想法，認為提出來的每一個意見跟想法都很重要，都應該要考慮。雖然偶爾有朋友或家人建議：「不必在乎某些對你有害的想法」，但你不知道該怎麼放下；很多時候也認為堅持自己想法，就是不管別人感受，會導致別人受傷或有所損失；不知道該怎麼辦的時候，又可能會遭遇到各種言語暴力。所以想做的每一件事情好像都會無限延宕，因為你可能不知怎麼克服，或不知怎麼做到你心目中的「絕對安全」。好像有很多聲音、很多意見，但你好像考慮得不是太多就是太少，彷彿永遠都「哪裡不太對勁」。於是你舉步不前，不知該怎麼往前邁進，就卡住無法動彈了。

好不容易做對一件事，也沒有辦法高興很久，因為總是可能遭遇到各種檢討，搞不清楚自己到底有沒有成功；如果有一件事失敗了，你可能會經驗到各種「事後諸葛」「鍵盤評論家」「站著講話不腰疼」的指教，讓你覺得自己真的非常愚蠢、沒有辦法事前想通。於是，你可能會將心力放在「避免犯錯」「更仔細注意細節」「更預防安全」。所以，你總是戰戰兢兢如履薄冰，不知道究竟踩在哪裡才會沒有問題、不知道自己是不是該全盤接收人家的想法跟意見、還是有什麼事是自己可以堅持的？

這樣的狀況，也是遭遇言語暴力的人時常面臨的狀況。這不令人意外，因為使用言語暴力的人，本來就是要「樹立權威」，也是為了「讓人服從」，希望你能聽他的，放棄自己原本的想法。無論他們究竟是不是清楚知道自己正在使用言語暴力，但他們通常都帶著清晰的意念在展現權勢。

當你放棄了自己的堅持，卻可能造成自己的困擾：不明白自己為什麼無法繼續完成在意的事；不明白當旁人覺得這件事沒有問題，為什麼自己內心警鈴卻一直大作，無法放鬆且坦然地好好做一件想做的事。你可能也有很深的渴望，希望自己不需要花這麼多時間瞻前顧後、希望自己可以放棄某些堅持，抑或希望自己能不再放棄自己的原則，但你總是做不到。

如果有這種情況，通常代表著你曾遭受許多言語暴力。那些語句在你犯錯時指責你做得不夠好；在你沒犯錯時也吝於鼓勵；在你堅持時意圖摧毀你的立場；在你拿不定主意時勸你快點下定決心。你的想法跟心意總是被這些語言拉著團團轉，時常不知道究竟該怎麼辦，又非常緊張。

也許你已經對這一切很習慣了，但讓我們試著放慢速度，好好地意識跟覺察這一切。如果你願意，可以做下面這個練習，靠近過度警覺的自己。

暖身練習

回想瞻前顧後、害怕犯錯、無法堅持自己想法的經驗

你曾留意自己總是反覆確認細節嗎？縱使有些人安慰你不需這麼在意、不必這麼小心翼翼，你還是很難放下內心的緊張跟擔心嗎？你曾因為言語暴力喝斥，最後因此無法堅持自己的想法嗎？你曾被鼓吹著快點去做還沒準備好的事，結果自己很不滿意結果嗎？你曾經有過自己堅持的事能好好獲得理解、接納、傾聽與接受的經驗嗎？

請試著回想看看是否有過上面這樣的經驗。通常會勾起越多情緒、越不愉快的經驗，越有可能是卡住我們、困擾我們的經驗。所以請你花一點時間，給自己一個機會，也給這些從未說出口的經驗一個機會，才能好好地與它們告別。

發生什麼事	誰說了什麼	對我的影響
想攻讀心理諮商，跟家人討論。	家人說：「讀那個有什麼用，又不實際，與其花錢去讀諮商不如把錢省起來。」	懷疑自己究竟該不該繼續念這門學科。

我的業績報告到這，
KPI
2021.07
感謝大家。
呼……
終於結束了！
KPI
2021.07
你很拼耶！什麼事都要求自己做到滿分！
會不會很累啊？偶而也要對自己好一點呀！
做到滿分是應該的，男兒有淚不輕彈！
人生就是要咬牙往前衝，對自己好啊什麼的，是弱者才會做的事！
是哦……

「愛自己就是軟弱的人才做的事」

我曾經是個聽到「愛自己」三個字就想翻白眼的人，我其實不懂這究竟是指什麼。你也是把下列句子當信條遵守的人嗎？像是「合理的要求是訓練，不合理的要求是磨練」「天將降大人於斯人也，必先苦其心志，勞其筋骨，餓其體膚」「先天下之憂而憂，後天下之樂而樂」。或是你也認為「愛自己就是自私」「愛自己就是軟弱的人才做的事」。如果你時常這樣想，那麼你應該也長期處在言語暴力的剝削情境下，是言語暴力的受害者。

為了避免誤會，我想說明一下：上面這些句子不是沒有意義，核心的問題在於它是否「使人沒有選擇而只能擁抱它」。假使是在有選擇的情境下，選擇認同「吃苦等於吃補」，那是這個人勇敢地選擇了一條艱難的路；但假使是被迫進入一個「沒有選擇」的地方，像是電影《神鬼戰士》的奴隸被丟進古羅馬競技場，只能戰鬥否則就會死，於是別人說的「不合理的要求是磨練」，則成為一種「逼迫你吞下一切」的言語暴力。習慣這種言語暴力的人，也會習慣對自己施虐，而且聽不懂究竟什麼是愛自己。

不曾遭受嚴重言語暴力對待的人，很難理解受害者的困境。心理學裡頭朗朗上口、時常討論的「愛自己」「尊重自己的感受與需求」「可以對自己更好一點」「接納自己」等等，對於言語暴力的受害者而言卻特別難懂。尤其是對那些依然持續承受暴力的受害者來說，這些不僅很難懂，還幾乎是講空話。「好好愛自己」這句話說得沒錯，但不知道該怎麼做，不明白該怎麼抵擋那些腦中反覆出現、一閃而過的各種「你不配」「你不懂」「你沒有用」「你沒救了」「你果然是魯蛇」等等的句子。他們只會想到：「這個世界如果可以這樣運作，我就不可能長成這樣。」「這個世界就不是這樣運行的，我只能以現在的樣子勉力活著。」

很少有人仔細梳理言語暴力對人們造成的傷害。暴力的語言，特別是從幼小年紀開始反覆堆疊的責罵，會摧毀一個人自我療癒的能力、健康地憤怒的能力、堅持自己想法的能力、擁有良好界線的能力。這些能力通常都還是由身邊的大人親手毀滅的。很多時候，大人們會有意識或無意識地，基於自己的需求並透過肢體暴力、冷暴力，混和言語暴力來羞辱、詆毀、嘲笑、喝斥、摧毀一個孩子「正常的情緒」。孩子的情緒沒有獲得大人的理解，沒有被同理，也沒有被承接，而是遭到忽視、備受羞辱，再被喝令停下來。仔細想想，這也很正常，大人想要的通常是「乖巧聽話」的孩子，而不是「身心健康」的孩子；相較於「難以控制」的孩子，大人們喜歡「好操控」的孩子。

能以這個方式摧毀的，不僅僅是前面提到的種種能力，還有孩子表達正常情緒的部分。大人時常嚴重侵犯孩子努力維持的界線，以強烈的言語暴力迫使他們就範，然後全然不覺哪裡有問題，還說著：「啊，你怎麼這麼笨，這麼不懂得保護自己？」「你要愛自己啊！」

這，就是言語暴力受害者們的起點。深深愛著或在乎著那個會帶給自己傷害的人，但那些愛跟痛很多時候卻糾纏得血肉模糊。說都是壞，也不是；說都是好意，從小到大也是這麼被迫吞下，但總是有些不舒坦；說要找回自己的健康界線，卻感覺很迷惘，誤以為沒受侵擾就是有界限，卻不知道自己其實一直門戶大開。他們時常處在這樣的困境裡，也很難把自己的處境說清楚，因為從自己的角度來講，「這些好像沒什麼」「是自己太多愁善感」「是自己確實做得不夠好」。於是，他們只能希望自己下次可以做得更好，愛自己什麼的，等做得夠好再看看，反正現在也聽不懂。最後活得像卷充滿暴力語言的錄音帶，攻擊自己，偶爾也攻擊別人。

這就是為什麼療癒言語暴力的受害者需要許多友善的人在一旁。像滴水穿石那樣，這需要耐心，也需要許多善意支持。當年怎麼受傷害，現在得一點一點地讓這些暴力語言漸漸淡去、一點一點地讓那些腦內一閃而過的句子，從「你這個沒有用的廢物」變成「你其實已經做得不錯」。

為了展開療癒之路，需要試著找出這些「具有傷害性」的句子。如果你願意，請接著做後面這個練習。

暖身練習

找出對我們具傷害性的句子

如果你也對「愛自己」有負面的情緒，或許可以試著完成下面這個練習，花一點時間靠近那個造成負面情緒的根源。

這個練習需要你放慢自己的思緒，試著想像有部慢動作播放思緒的攝影機，正放著你聽到「愛自己」時的想法。說出「沒什麼感覺，就只是討厭」前，你的腦海通常還閃過了一些其他的句子，那些可能是我們幼小時身邊大人不經意植入的句子。

找出這些對我們具傷害性的句子，不是為了譴責那些大人，只是為了幫助我們找到一直傷害自己的來源，讓我們能更有意識，不再於不經意間傷害自己。

◎當別人跟你說「對自己好一點」「愛自己」的時候，你的腦海裡一閃而過的句子是什麼？	「你過得還不夠爽嗎，還要愛自己？」「感覺像外星文，根本聽不懂。」	
◎這個句子，你曾經聽身邊的誰這樣跟你說過？	父母親、自己。	
◎很小的時候，你聽到這樣的句子，內心有什麼感受？	挫折感跟羞愧感，原來自己是不知足的、是沒有能力聽懂的。	
◎現在的你，聽到這樣的句子，內心有什麼情緒嗎？	挫敗感。我身為心理師，無法掌握愛自己究竟是什麼。	
◎你覺得這個句子對你有什麼影響嗎？它讓你如何看待自己？	愛自己就是過太爽，我不能輕易討論自己的狀況，只有拚命努力一途。	

1-4 如果你曾經受傷，請允許受傷的感覺緩緩浮現

散布在我們生活裡的言語暴力如此常見，讓「指出言語暴力」好像反而變成一種玻璃心、小題大作的事。更不用說提及曾經因為某些句子感覺不舒服、曾經有著像吞了一坨毛線，消化不了又吐不出來的感受，會讓這一切變得好像都是自己的錯：「別人看來都適應良好，是我自己有問題。」「別人都可以，為什麼就我不行？」這往往讓我們很難面對自己其實真的受傷了、自己其實受了委屈、自己其實長期沒有在語言上獲得尊重。而且，最重要的事情是：其實我們不舒服，並不是自己的錯，那是健康人的正常反應。

假使我們把「正常的排斥反應」視為「不良的錯誤反應」，其實是放棄了「保護自己的欲望」，也放棄了自己能被視為一個獨立個體、能獲得尊重跟肯定的欲望。這一切的不舒服都是有意義的事，那些有如搔刮著內心的受苦感都是正常的，那些看來過度敏感的事，只是言語暴力加害者想讓你看的角度。事實是：你只是想

保護自己而已。縱使我們的理智還沒做出判斷，我們的情緒或身體卻理解這一切，且渴望你獲得更好的保護、渴望你得到更好的尊重，被好好當成一個人。

言語暴力的施暴者渴望對方放棄保護自己的本能，好遂行控制。這一章所指出的言語暴力受害者症狀，其實就是放棄保護自己的不同程度。

包含從**「與自己失聯」**，因此對自己的情緒、需求和身體不太敏感；到**「難以掌握該承擔的責任界線」**，因而覺得別人的不舒服就是自己的責任、深深害怕犯錯，所以就算能做的事也不願開先例，以及總是想試著聽出一句話的言外之意；還有**「缺乏自我表達、堅持自我想法的能力」**，所以覺得自己的經驗不值得一提、明明可以做一件事卻總是充滿恐懼，以及認為愛自己是件自私自利的事。

沒有一個人應該放棄保護自己。每個人都是獨立的個體，理所當然擁有許多情緒起伏，來幫助我們感覺到需求的匱乏或滿足，以自己的獨特方式表達自己是誰，以及用自己的方式組織自己的故事，並擁有在不妨礙他人的前提下堅持自己的權力。

如果，這一章裡所述的受害者的症狀你都有，或許你也在不知不覺裡放棄了很多自己的權力，更忘了保護自己，還誤將症狀都視為自己不好，一直自我譴責。其實你不需要這樣做，你的敏感是生命捎來的訊息，想告訴你：「我們可以做一些不一樣的事。」無論是改變跟人互動的方式、改變跟自己說話的方式，或是改變時常想相處的人，都能讓我們活得更有尊嚴，也更喜歡自己一點。

願每個言語暴力的受害者都能看到自己的傷，並允許那些受傷浮現。

言語暴力受害者樣態(一)：
與自己失聯。

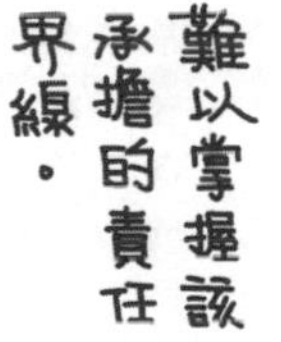
難以掌握該承擔的責任界線。

言語暴力受害者樣態(二)：

言語暴力受害者樣態(三)：
缺乏自我表達、堅持自我想法的能力。
……

在長期言語暴力下，有上述狀況都是正常反應。如果你感到委屈和受傷，請允許這些感覺出現。
接下來，我們一起來看看能為受傷的自己做些什麼。

生活中常見的言語暴力

「每個人都有兩對父母，一對是內在無形的父母。要從不當控制的教養方式下修復自己，很重要的一部分是與你實際存在的父母修復關係，但對療傷而言，與內在無形的父母建立更健康的關係也同樣重要。」

—《如果我的父母是控制狂：如何設定界線、自我修復、終止控制的世代循環？》，頁一四二。

當我們試著展開一場「自我療癒」的英雄之旅時，過往生命裡曾經遭遇到的各種言語暴力，會像妖魔鬼怪跟洪水猛獸般伺機而動。那一切關於「你沒有資格滿足自己的需要」「你以為你是誰」「怎麼不去照照鏡子」「為什麼不把機會讓給別人」「你夠努力嗎」「憑你這種條件也想成功嗎」的言語暴力錄音帶，正等著從生命的底層破殼而出。

它們會像山洪爆發的土石流一樣席捲而來，冷酷強勢地拒絕你接觸自己的生命。那正是言語暴力原先的用途：要求你離開自己的生命與經驗，從別人的標準來看待自己。

於是言語暴力成了生命的催狂魔，在你的內心世界四處遊蕩肆虐，吸取你的生命，讓你從自己生命的主人變成囚犯。當我們開始想向著內在的微光前行，這些催狂魔就開始肆虐。

我們不必是哈利波特，但認得「言語暴力」能成為我們的護心咒。

認得那一切「批評、診斷、否認、比較、認為我們活該」的言論，那一切「論斷我們的經驗卻又對我們不好奇」的語言，那一切讓你從「享受生命」轉為「畏懼生命」的話語。當它再度肆虐時，認出它，不要迎向它，也不要畏懼它。要明白它只是源自你生命中的言語暴力經驗，而你已經打算不再使用言語暴力了，包含對這些言論。

它會反覆地來，每次都可能讓你覺得非常恐怖，但會漸漸好轉。

那股恐怖的黑暗感，會從密不透風的籠罩窒息，一點一點地透出一些微光。像是關於那些細小生命的美好、天氣很冷但同事送的咖啡很暖、伴侶傳來的訊息很貼心、囉嗦的上司今天笑得很溫柔、家附近的桂花綻放出陣陣香氣、孩子粉嫩的小手牽著自己像擁有了全世界。

那些恐懼感會一直造訪，但是它會漸漸失去對我們生命的掌控力，直到我們重新靠近自己生命的核心。

當我們試著停下那些暴力的語言，試著正面表述自己的渴望，一點一滴地探索對自己而言最重要的「需求」究竟是什麼，我們也逐步靠近驅動著自己生命的源頭、那瀰漫著光與愛的根源。找到自己被深深埋藏的渴望時，總是不禁感到心頭一暖，體會到「原來，我離自己這麼遠，而我終於找到自己了」，甚至會潸然淚下。

願每顆受催狂魔般言語暴力所困的心，都能找到護心咒，守護療癒自己。

願每顆飽受言語暴力所傷、難以保護自己的心，都能試著相信自己值得被好好對待。

自我檢測

計算你的言語暴力暴露量

為了理解你究竟暴露在怎樣的言語暴力情境之下，請試著看看下列這些句子，回憶一下它們是否曾經出現在你成長的家裡。可能是由父母、祖父母、外祖父母，或是任何擔負主要照顧責任的大人口中說出來的。練習最後，你會得到一個分數，就知道言語暴力對你造成了多少影響。

容我再次強調，由於我們的媒體、網路論壇以及社會氛圍本來就充斥著許多言語暴力，所以不見得是父母或主要照顧者蓄意要傷害你，而更可能是所有人都難以迴避這樣的語言，並且不經意地在複製，只是每個人遭受的「言語暴力」暴露量可能不同。

請試著回憶這些句子是否曾經出現、多常出現，以及帶給你什麼感覺。

句子	是否出現	感受／反應
1. 要是沒有生你就好了／早知道就應該把你塞回去		
2. 你再這樣，我就把你丟掉／不要你了／送給別人養／你是我垃圾桶撿來的		
3. 我好倒霉，得養你／如果沒有你，我才不會過成這樣／我過得不好都是因為有了你		
4. 沒有人像你這樣做／你怎麼都不能跟別人一樣		
5. 你根本跟我作對／你真是討債鬼／養你就不錯了		
6. 你怎麼這麼沒用／你是我人生的敗筆／你丟人現眼		
7. 你不乖就不給你……（食物／居住／安全空間）		

句子	是否出現	感受／反應
8. 男孩子不能哭／女孩子不能生氣／要有男孩（女孩）的樣子		
9. 好孩子不能……／你如果……就不是好孩子／你這樣不乖		
10. 你好麻煩／你問題很多／你浪費我時間		
11. 有話好好說／你不好好說，我不跟你說話／你用哭的，我不知道你要什麼／你真的很情緒化		
12. 閉嘴／囡仔人有耳無喙／我吃過的鹽，比你吃過的米還多／輪到你說話了嗎		
13. 哭哭哭，只知道哭／你不能生氣（或有某種情緒）／有情緒就是無理取鬧／有情緒就是歇斯底里		
14. 你不可以……（以某個方式表達想法感受）		

句子	是否出現	感受／反應
15. 你以為我不能對你怎樣嗎／你再這樣，回家就知道好看		
16. 你做這個有什麼用／你以為自己很行嗎／你怎麼不自己去賺錢試試看		
17. 那又沒什麼／那有什麼大不了的嗎／這有什麼		
18. 別人都可以，為什麼你不行／做不到……以前，你不要跟我說話		
19. 我數到三，你不准……／你給我惦惦／你再給我……試試看		
20. 你活該／早就跟你說了／你夠了沒		

請依照以下的方式計分，選擇「是」才有分數：一至七題，每題三分；八至十三題，每題兩分；十四至二十題，每題一分。總分為四十二分，超過三十一分者遭受嚴重的言語暴力，二十五到三十分者遭受重度的言語暴力，十三分到二十五分者遭受中度的言語暴力，十二分以下者遭受輕微的言語暴力。

無論你在這個計分表中得到幾分，只反映你曾經暴露在多少程度的言語暴力裡。較高的曝露量可能造成大量的傷害；輕微的言語暴力也可能導致同等的傷害。所以請不要將「遭受輕微的言語暴力」等同於「自己沒有受傷／不應受傷」。

2-1 從權力的角度看語言

我很喜歡日本神道教的一個概念：「言靈」。也就是相信「說出口的話就有力量」，用來勉勵人們不要輕易說出還沒有想清楚的話，也隱含著對語言力量的敬畏。一人一句話，不知怎麼地就讓一棵老樹成為人人膜拜的地方守護神；或是一人一句話，就讓某個地方成為人人畏懼的陰森之地。這樣的劇情，在日本平安時代的故事裡時常看到。

從敘事治療經典作品《故事、知識、權力：敘事治療的力量》的描述，我們能理解一個人所說的故事，反映著他所認識的世界。假使他的故事帶著某種苦，必然受著某些「隱而不顯的權力」所壓抑。所以敘事治療師們需要試著理解案主的故事，細細拆解，試著從中找到他們喜歡也能榮耀自己的故事，再帶著這個故事找到所屬的社群，勇敢地活下去。

不平衡的對話關係

試著想像一下這兩句話帶出的兩種情境。

大人對著孩子說：「就是因為你太美了，所以我才會情不自禁這麼做。」或「我希望你明白，別人要觸摸你，都應該經過你的同意。」

你認為在這樣的對話裡，兩方關係是否對等？發話者是否可能正不當地剝削著聽話者？雙方是否都有完整的權利？還是只有一者有完整權力，另一者卻遭到剝奪？

我們每天說著許多話，卻很少思考語言跟「權力」的關係。我一直認為「溝通」跟「尊重」是一件很艱難的事，特別是在關係裡，有時候「權力角力」跟「濫用權力」可能也沒有那麼容易分辨。但我們能試著區別自己說出的話究竟是尊重對方／自己的權利，或是要求對方／自己放棄自身權利。

參考存在主義治療大師羅洛梅的經典作品《權力與無知》，裡頭提到每個人的生命中都潛藏著五個層次的權力，分別是「存在的權力」「自我肯定的權力」「自我堅持的權力」「侵略性」跟「暴力」（頁三〇—三六）。這五個層次的權力是每個個體生下來就理所當然具有的本能，然而言語暴力的存在，即是要以「不對等的權力」削弱對方遂行個人意志的本能。

仔細說來，這是一件很有趣的事。假使用這樣的概念來看待每個人擁有的權力，我們可以發現許多會對他人造成危害的權力濫用行為，已經受法律所限制。像是違反「存在的權力」的謀殺、過失致死、兒虐等等；藉著毀謗、恐嚇等罪行而侵犯他人「自我肯定的權力」；或是侵犯他人「自我堅持的權力」而犯下的限制人身自由、違反個人自由意志的權勢性侵等等。

失去權力的孩子

然而，這裡有一塊特別難以管理跟處理的地帶——成人對兒童進行的權力濫用。兒童在成長期間往往不會被當做權力主體，而是受權力施作的客體。明明兩個成人在社會上被認定為恐嚇威脅的事，卻在親子互動間頻繁出現。而且因為言語暴力不像肢體虐待，沒有傷痕，無從舉證，造成的傷害卻非常深遠。

身為一個孩子，在長大過程間最需要的是獲得支持與協助，讓我們發展自己理解這個世界的方式，而不是遭強行植入某種照顧者認定且難以轉圜的世界觀、宿命觀、情緒觀，更不是剝削孩子以滿足照顧者的需求、欲望及情緒支持。

假使照顧者沒有意識到自己所持有的優勢地位，不尊重孩子的主體性，當健康的孩子意圖施展權力，採取抗議的舉動，多半會被撫養者以優勢語言、優勢力量、優勢資源進行強力壓制、剝奪、侵犯，並導致孩子陷入「失去權力」的脆弱精神病質狀態。

那是孩子為了生存，必須配合「有權者」的歷程，而不是獲得充分支持能逐漸發展自我、挑戰自己的能力、發展興趣探索世界、逐漸對這個世界產生影響力與貢獻的過程。

我們可以試著這麼想像親職教育的光譜：一端是「以孩子為核心」，也就是陪伴在孩子身側提供協助、支持、輔佐、資訊，帶孩子發展自己理解世界的獨特方式；另外一端是「以照顧者為核心」，也就是孩子的存在是為了符合大人的期望，滿足對於扮演「父母」「對得起家族的好兒子與好媳婦」的需求、擔任父母的情緒配偶、照顧跟疼惜父母、讓父母恣意發洩情緒的孩子。

這中間則可能有許多不同的層次，像是雖然意圖尊重孩子的獨立發展，但畢竟他們沒有能力脫離這個世界生存，所以需要以發展適應策略為主，讓他們對現實世界有更多認識，包含那些他不喜歡的東西；或是雖然想尊重孩子的獨立發展，但身為父母依然有自己的極限，因而採取以管理為主的「控管」；或是為了使孩子更能符合父母自己的渴望、滿足回應自己的需要，而採用以限制為主的「嚴密控制」。

「語言」反應了我們的思考模式。我們如何講話，通常就如何思考。所以運用語言的習慣裡，自然也反映著我們如何看待「權力」。假使我們開始更留心於自己語言中隱含的權力，縱使我們已經長大了，也能擔任自己「夠好的父母」，幫助自己重新發展健康的界線。也能幫助我們好好地陪伴彼此，讓語言真的只是「陪伴彼此發展潛能」，而非不經意地「引導對方滿足自己的需求」。

言語暴力，就是「濫用權力，限制並要求放棄自我保護天性」的語言。言語暴力的受害者要能展開自我療癒，需要從「認得言語暴力」開始。這些句子頻繁地存在我們的對話與思考裡，當我們不加以覺察時，自然很容易複製一切。無論是積極地要求自己放棄自我保護，或是要求所愛之人放棄自我保護，都導致我們只能擁有殘破不堪的界線，無法妥善保護自己與幫助彼此建立好的界線，只能持續爭奪權力、彼此傷害。

語言不是中性的，我們如何說話，就如何思考，也如何運用權力，而你留意過自己運用權力的方式嗎？

2-2 個人語言表達上的五種權力

「每個人都應該意識到，言語暴力是一種控制、支配、以權制人的手段」——《言語暴力》，頁五四。

假使我們將羅洛梅所提，身為人必然擁有的五種權力：生存的權力、自我肯定的權力、自我堅持的權力、侵略性與暴力，放在以語言進行自我表達這個層次上思考，也就是個人理應具有以下五種權力：

・在語言上免受存在威脅的權力

指一個個體既然已經被生下來，理所當然擁有做為生物繼續活著的權利，不受他人恐嚇威脅，不必擔心遭受剝奪生存權。

‧擁有能表達並認同自己經驗的權力

指個人理應擁有以不同方式表達自己、描述自己經驗，且不受他人代言、噤聲，並能被聽見、能與他人產生有意義連結的權力。

‧在語言上免受因自我堅持而遭威脅的權力

指一個人理應能堅持進行想做的某件事，且免受威脅恐嚇而放棄自我堅持。用孔老夫子的話來說，就是「雖千萬人吾往矣」。縱使有許多人與自己的意見不同，但相信這件事的價值，也願意為此付出努力或代價，就應有自我堅持的權力。

‧擁有重新詮釋、框架特定情境的權力

指個人的經驗跟自我表達總是受到錯誤的代言、扭曲個人原意的話，那麼個人理應擁有重新詮釋、再框架特定經驗跟重新選擇自我認同的權力。

．以言語暴力回擊剝奪自己生存權力對象的權力

指言語互動的兩方，總是有一方會受到各種言語暴力攻擊、總是因為無時無刻擔憂遭受言語暴力導致生存權力受限，這種時候個人自然會以言語暴力，對施加許多暴力的對象進行反制。

由於人是社會性的生物，而「語言」在我們的社會生活裡扮演重要的角色，所以我想針對「語言」這個切面，來探討日常生活語言背後的「權力不平等」是多麼常見。本章會專注於分析語言背後反映的「權力不對等」，試圖指認到現在都依然普遍存在、極度容易造成傷害的言語暴力種類，以及它們如何造成傷害。

言語暴力如此常見，常見到要指出哪些句子不當使用權力，反而變成一件奇怪又讓人感覺突兀的事。這些「語言不平等」可能透過語言的流通跟繼承來維繫，進一步壓迫許多弱勢者。所以我們需要看清楚自己無意間繼承的「言語暴力」，好進一步思考：是要繼續使用這樣的語言，還是要選擇放棄，擁抱一個更尊重彼此、更尊重多樣性，更擁護每個人能有不同表達方式的溝通模式。

2-3 日常溝通的三種語言

如果我們相信對話的兩方都各自擁有同等的權利，擁有各自的生存權、自我表達權、自我堅持權，並以這樣權力平等的角度來思考語言，可以發現日常對話可以粗略分成三種模式。

如下圖所示，兩個圓分指兩個個體，每個人都有各自完整的經驗、感受、想法、情緒、需求與個別決策的行動權。而兩方間的對話形成三種模式：我說我的事、我對你好奇、我比你清楚。

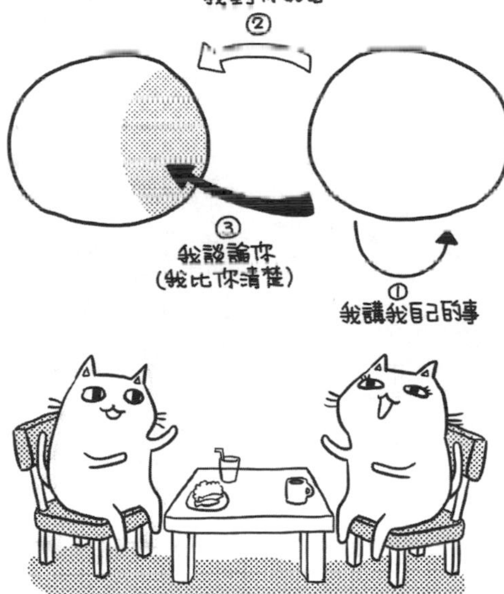

一、我說我的事

我談論自己的經驗，或透過經驗提取資訊跟別人分享。同時，這也是我靠近自己的一種方式。例如：「我自己小時候曾經被狗咬過，所以後來很怕狗。」「我自己曾經因為導盲犬而遭受許多攻擊，所以遇到不了解導盲犬的人時會感覺憤怒。」

二、我對你好奇

我提出一些問題、丟出一些探問，好奇你經驗了些什麼，也推測你是否體驗了些什麼。重點來了！既然是「好奇」，就必須包含「請求對方確認」時，對方可以否定你的推測。例如：「我是因為自己的經驗才怕狗，不知道這樣你能了解嗎？」「我想知道，我怎麼修正自己的說法，能讓你感覺比較不被冒犯呢？」如果你的推測不允許被否認，那它可能比較接近下一個模式。

三、我比你清楚（暴力的語言）

評價、批評、論斷、分析、否認、拒絕、譏笑、嘲諷、診斷、威脅、放話等等。這種對話的內容，事實上是強加自己的經驗到別人身上，取代別人的自我探索跟自我表達的權力。這樣的語言不難辨認：「你這個就是○○○啦！」「就跟你說了，你這樣做一定不行的嘛！」「你活該啊！」「（你發生這樣的事）怪我囉？」

為什麼位於「三」的語言屬於暴力的語言呢？原因非常單純。假使對方是一個獨立的個體，擁有獨立思考、判斷、感受、表達需求的權利，當有人論斷、批評、分析、否認、拒絕、譏笑、嘲諷、診斷、威脅、放話，意圖控制了他人對自己經驗的描述，不管是讓對方噤聲、不敢說話、修改所說的話、懷疑自己的想法、質疑自己的記憶、無法自我肯定，這一切自然都是不當使用權力的言語暴力。

特別是當互動的兩方處於權力不對等的位置時，使用這樣的語言更強化與鞏固不平等的存在。不僅無法協助對方妥善地表達自己、採取滿足自己需求的必要行動，還會驅使對方滿足發話者的欲望，或繼續對自己的需求一知半解，好遂行發話者的控制意圖。

黑色教育下被迫戴上的面具

使用言語暴力的人通常不需要花力氣討論「自己」，而是將重心放在「被討論者」身上，並用盡各種方式試圖論證這個人有多麼糟糕，藉此隱身在「言語暴力」的後面。他不需要真實地與另一方互動、討論自己的經驗、自己的感受，也不需要真實地面對自己，只要使出言語暴力，就可以獲得關係上的優勢位置，不必管對方怎麼感受。也因此，在這樣的互動間只有「評論者」與「被評論者」，並沒有辦法展開真實的關係。更糟的是，評論者不需要自我揭露，因此通常沒有弱點，可以持續占據優勢地位。

由於孩子無法獨立生存，因此會為了生存而嘗試扭曲自己，好符合父母的期待。假使在成長的過程中，養育者施以大量的言語暴力，孩子必然會受到傷害，差別可能只在於「是否有意識到這樣的傷害」而已。

像愛麗絲·米勒的經典作品《身體不說謊：再揭幸福童年的祕密》裡所寫的：「『黑色教育』的童年經歷會如何在日後限制我們的活力，並大幅損害甚或扼殺我們究竟是誰、我們有什麼感覺、我們需要什麼感覺等。『黑色教育』的養育之道會教養出適應良好的個體，只會信任他們被強迫戴上的面具，因為他們童年一直生活在害怕被處罰的長期恐懼之中。這種教育方式的最高原則是：『我這樣教你是為了你好，即便我毆打你或用言語折磨、傷害你，都只會對你有好處』。」（頁三三—三四）

假使在不當使用權力的暴力情境下長大，這樣的孩子自然難以理解什麼是健康的界線、愛自己、尊重自己的情緒、尊重自己的需求等等。而且他們更可能傾向於為養育者服務、在乎養育者重視的價值，依附養育者好換取資源，並且只能接收「應該」有的感覺，而不去體會那些被禁止的感覺，最後活在順從長輩與養育者、勉強自己、不感受自身需求、自我欺騙的狀態，因此鬱鬱寡歡、悶悶不樂，卻搞不清楚究竟這一切為什麼會如此。

為了幫助我們能從這樣的言語暴力中被釋放出來、能一點一滴地回歸真實自己的真實感受，我們需要仔細盤點自己所經驗的那些言語暴力，以及在心中縈繞不去、一直讓自己感到受傷的言語暴力。

接著，將一步步說明威脅個人的言語暴力，及它們的影響程度。

2-4 最嚴重的言語暴力：威脅存在

「我們必須將自己從持續進行破壞的內化的父母裡釋放出來。唯有如此，我們才能肯定自己的人生，並且學會尊重自己。」——《身體不說謊：再揭幸福童年的祕密》，頁三三。

使用言語暴力的人可能是真的邪惡，也可能是被無知所障蔽，或是心靈創傷千瘡百孔，但還沒有機會療癒。在這本書裡我沒有打算指出施暴者的心態，或試圖分析受害者，我希望做到的是：指出那些依然存在，並且一代代傷害著我們的言語暴力。希望能讓依然受這些語言所傷害的人們，能有機會理解自己所受的苦，並從自己開始停止這樣的語言複製，從自己開始療癒，也療癒身邊受傷的人們。

「只不過是一句話，哪有這麼嚴重？」

身為遭受許多言語暴力，且至少花了超過十年的精神跟金錢成本自我療癒的人，我深深明白言語暴力日積月累帶來的傷害，事實上需要不成比例的投入才能撫平。我們能幻想別人改變，或是從自己開始行動；我們可以現在就停止複製這一切在自己或關愛的人身上，好省去彼此長時間的「後續療癒成本」。

無論父母究竟是因為在氣頭上、心直口快，或單純對言語暴力一無所知，濫用權力以銳利、侵犯界線的方式進行管教，卻只認為「只不過是一句話，何必這麼介意？」「你玻璃心啊？」「你應該自己想辦法處理。」不加以維護，同時將責任推卸到孩子身上，會造成持久性的心理陰影，威脅到孩子的自我認同跟心理健康。

這是不正義的事。雖然我們可能都沒有機會擁有「夠好的父母」，但我們能一起確實認得這些造成嚴重界線侵害與心理創傷的句子。試著好好道歉，停下這些語言，然後好好展開療癒之旅。一點一滴地學習新的語言，療癒自己也療癒父母、孩子，與身邊每一個曾經受過傷的人。

威脅對方存在價值的言語暴力

「你要是……我就讓你死得很難看。」

究竟是什麼讓我們覺得這樣的句子很理所當然？

一個默許言語暴力的環境，必然存在於默許權力不平等與濫用權力的社會之中，也必然是無法真正尊重差異與多樣性的社會。這樣的社會所可能產生的最嚴重言語暴力就是——攻擊對方的生存權力。

這種類型的言語暴力依然存在於我們生活的許多層面，像是：各種網路討論鍵盤戰、中學生的彼此霸凌、職場的惡意互動，或是沒有餘裕的親子互動。這些都是為了訴諸一時的爽快、情緒的發洩、口語的逞威，或是展現我比你高尚、我比你威能、我比你厲害、我主流你非主流、我有資格你沒有資格。

其內容有很多變化，但主要的特徵都圍繞著「對方沒有資格存活」「對方如果擁有某種特質就不該活」「因為對方活著造成多少壞事」「威脅剝奪對方存活的必要條件」等等。這些語言都是「控制型」語言：透過攻擊個人存在價值，造成對方的心理恐懼，進而願意展現出某種符合發語者期待的行為、姿態或樣貌。但矛盾的是，遭受對方這樣嚴重的言語暴力攻擊時，能符合發語者期待的行為便是「消滅自己的存在」。這樣的行動對任何個體而言，都是非常殘酷的事，因為它要求否定自己的存在價值、要求個人積極地自我否定與自我傷害，來達成發話者的目標。

近年來常出現網路霸凌。網民在鍵盤背後大喊：「某個網紅怎麼不去死？」結果等到被害人輕生後，收到傳票時才錯愕：「我又不知道他真的會去死。」

受到這樣言語暴力下的個體，幾乎別無選擇，只能透過斷絕與施暴者的關係，才能逐漸培養健康的自我界線、自我療癒。否則就只能陷入嚴重的精神抑鬱，持續因自我傷害及自殺的意念所困擾，難以擁有較健康的人際互動。若認為自己是不該活著的存在，他們究竟該怎麼樣理解「活著」這件事？又該怎麼發展值得珍惜的關係呢？

以下整理最嚴重的言語暴力句子。也許你會發現，自己成長的過程裡聽過許多，但不覺得受到什麼影響。若是如此，我很替你高興，這或許代表你的生活裡有其他人提供肯定你存在價值的語言，才沒有讓最嚴重的言語暴力成為自我認同的主要素材；也許你會發現，原來成長過程裡習以為常的語言，都是極端的言語暴力，因而更能理解自己為什麼總是感覺很辛苦、苦於追求自我價值、不理解如何愛自己，並且總是有著揮之不去的自我傷害或抑鬱念頭。

- **「你怎麼不去死一死」：希望某個人不存在**

這個類型的句子變化很多，像是「要是沒有生你就好了」「真想把你塞回肚子」「我過得不好都是因為你」「真不知道老闆怎麼會請一個廢物」「太平洋沒加蓋，你可以跳下去」。這些語言都反映著「希望某個人不存在」，是言語暴力中最極端，也最凶狠的暴力型態。

多數輕微的言語暴力如果無法順利控制一個個體，最後施暴者都會逐步邁向這個大絕招。因為它非常陰狠、非常有效，可以透過語言恐嚇威脅一個人生存必須的安全感，召喚一個人進行自我攻擊，並且軟化自己的言論、思想、行動，成為一個順服、配合度高、不麻煩不礙眼的存在。

•「你一臉欠霸凌」：要求某人改變他所無法改變的屬性

第二種常見的最嚴重言語暴力，其內涵是：要求個人改變他無法改變的屬性，否則就逼迫對方接受某種特定的現況。例如：「你是黑人，所以只能坐後車廂。」「誰叫你是同志，活該被歧視。」「女人就是婊子。」「唐氏症就是低能，所以我當然可以嘲笑你。」「斷掌就是會剋夫。」等等。這類型的句子都強調對方具有某種「可以合理被歧視」的理由，唯有對方改變自己，否則發話者的施虐都是合理且正當的。

這當然不是一件合理的事，反而是一種非常嚴重的言語暴力。因為對方無法改變，所以藉此合理化自己的差別待遇，內容包含威脅對方的生存必須條件、剝奪某些合理的資源等等。這類型的言語暴力不見得會直接提到「希望你不存在」「不讓你活下去」，卻依然非常嚴重。因為它通常會導向「嚴重的自我否定」，造成的傷害與直接攻擊對方的存在相當。

・「拿你的命都不夠賠」：將性命視為可比較的，且劣於某人或某物

第三種最嚴重的言語暴力，因為口語上依然極其常見，所以經常輕忽它的影響力。這個形式的語言，實質上也是「希望對方不存在」的變形體。例如：「比起你的命，……更重要」「如果……，拿你的命都不夠賠」。這些句子事實上都在將性命視為可比較的物質，而且進一步看輕對方的性命。這類型的言語暴力之所以嚴重，是因為它在無形之中評價了個人存在的價值，間接影響他人的自我評價。

最嚴重的言語暴力，都涉及到「無視對方的存在價值」，並在口語上直接詆毀這些價值。接著，將進一步說明更常遇到的「次嚴重的言語暴力」。

2-5 次嚴重的言語暴力：威脅自我表達

「一個人持續在認知層面蒙受錯誤排除，特別是當這種狀況是系統性發生時，真的會局限個人自我認同重要面向的發展。受到這種不公正待遇的人可能沒有某個社群提供抵抗資源，因為這樣一個社群的形成本身就是一種社會成就，而不是社會既有之物。」——《知識的不正義》，頁七九－八〇。

在吉卜力動畫《神隱少女》的設定裡，只要奪走了一個人的名字，他就會不記得怎麼回家，然後持續地為湯婆婆勞動。因為沒了名字，就忘了自己究竟是誰，整個人彷彿身在一層霧或一片紗後面，好像有什麼很重要的事應該要記住，卻怎麼也想不起來，於是只能日復一日地做著被威脅進行的事，不知道這些是不是自己想做的事。

「被奪走名字」這個隱喻發生的效果，其實跟「使人不能表達自己」的效果非常雷同，會在一個人的生命裡造成持續性的自我斷裂。

只不過是「不讓你表達」而已，有這麼嚴重嗎？

答案是「有這麼嚴重」。假使我們期盼著一個民主多元的社會，每個人都能盡情發揮自己生命的潛力，禁止自我表達會是造成這一切無法成真的核心因素。

缺乏自我表達權，或缺乏言論自由的社會，必然是一個充斥著「主流／非主流」「有資格／沒資格」「准說話／不准說話」的社會。這樣的區分會造成某些特殊的處境無法獲得理解、某些聲音無法被聽見。有權者可以迫使無權者吞下某些不和諧的雜音，好展現出某個一派祥和的一致樣貌；而弱勢者所遭遇的處境跟困難，則越來越難以得到理解，因為不允許談論、沒有人要聽、無法彼此交流、也沒有機會將這一切加以凝聚，進一步有所行動。

在《知識的不正義》中，英國哲學家米蘭達．弗里克嘗試描述知識的不正義，如何傷害了個人與社會。她提及知識不正義包含兩個層次的不正義，分別是證言不正義與詮釋不正義。前者就是人們系統性的偏見，導致我們認為某些人的話較不可信；後者則是人們誤判某件事情只有某個角度可以描述，因此認為某些說法不值一提，哪些人有資格解釋，但另外一些人的詮釋則不須理會。她描述：「證言不正義的例子就像是警察因為你是黑人而不予採信；詮釋不正義則可能是你遭受性騷擾，可是卻身處在仍然缺乏這個關鍵概念的文化中。」（頁一八）

這樣的情形會對非主流的弱勢族群、產生最嚴重且持久的影響，包含兒童、身心障礙者、女性、長照家屬、冤案無辜者、犯罪受害者、無家者等等。他們被視為非典型者，被排除討論的權力而缺乏聲音，時常陷入只能接受他人決定的處境。

縱使你不認為自己是非主流的弱勢族群，你的身上必然也有「不那麼標準」的經驗。那些經驗通常會持續地受到壓制，並且無法描述、無法整理、自然也無法流通跟自我接納。

來談談「閉嘴」之後發生的事

練習以自己的語言表達自己，是一個人在組織自我的過程裡必須發生的事。身為一個孩子，在還無法妥善自我描述的時候，會高度依賴成人擔任語言的鷹架，幫助我們理解自己身上的情緒、不舒服的挫折，並嘗試以自己的方式找到屬於自己的語言。

小時候，你曾玩過食物嗎？我常在餐廳看到暴怒的母親斥吼著話還說不好的孩子：「就叫你不能玩食物！你還玩食物！閉嘴！」然後展開各種對兒童而言是剝奪需求滿足的行動，孩子持續發出聲音抗議、漸漸地越來越大聲，然後母親擔憂吵到其他客人，也憤怒於孩子的不聽話，開始更生氣地說：「閉嘴！」「你再吵，我就打你！」運氣不好的孩子會被現場體罰，運氣好一點就被五花大綁架出去。

這樣的經驗應該在各處頻繁地發生著。你可能是一旁眉頭深鎖的顧客、可能是那個慌張失措的母親、更可能是被喝斥閉嘴的孩子。台灣的每一個孩子應該都聽過「囡仔人有耳無喙」或是「閉嘴」，不允許表達自己，甚至不允許抗議。唯一能做的就是「展現出大人期盼的行動」，而個人的需求跟情緒呢？抱歉，那可能沒有人在意。

在這樣的過程裡，有至少兩個以上的人被剝奪經驗表達：一個是孩子，他還沒有能力為自己辯護跟描述自己的經驗，無法準確地使用語言告訴大人：「玩食物可以讓我學習跟發展重要的能力。」他無法描述自己為什麼想玩、為什麼被阻止後自己會產生情緒、那個讓自己很不舒服的情緒究竟是什麼、自己為什麼這麼不舒服、自己可以怎麼解決這個不舒服？他不知道。然後，他的需求被剝奪了，也沒有人支持他去理解自己的情緒，更被要求「閉嘴」，連描述與憤怒都不行，只能配合著大人，展現乖孩子的形象。

第二個被剝奪經驗表達的人是母親。母親通常卡在「社會期待的良好母職形象」之中，擔憂孩子會吵到別人。沒有機會期待自己身邊的環境足夠友善包容，能允許孩子吵鬧；也沒有機會期待身邊的路人或朋友會伸出援手，幫忙瞭解孩子究竟發生什麼事，大家都一致期待「母親擔起母職教養的擔子，施以管控」。所以母親沒有機會描述自己遭遇的困境，不知道自己究竟為什麼總是感覺困窘，也不知道為什麼總是難以理解孩子，因此更難取得自己所需的資源。

一聲「閉嘴」的背後，是一系列的權力在運作。而權力流動的習慣，向來是往**最弱勢的人欺壓、要求最弱勢的人吞下去**。所以在這樣的例子裡，我們不難發現是孩子跟孤身的母親要承擔。一聲「閉嘴」的背後，是一個讓發話者困窘的權力互動結構。當發話者缺乏友善的支持，這樣的困窘必然會導致發話者向結構下層「更弱勢」的人施加權力，導致最弱勢者苦不堪言。

孩子無法描述與表達自己的需求和情緒，必須配合大人期盼展演出相應的行為舉止，大人就不需要進一步理解孩子的發展需求。同時，再搭配羞辱性的言詞，如：「你看你丟不丟臉，別人都在看你」，要求孩子試著接受不合理的剝奪跟誤解，並在這樣的過程裡逐漸習慣言語暴力。

「閉嘴」不僅僅只是閉上嘴而已，而是一系列權力運作產生的限制與資格剝奪。像是下面提到的三種限制：

•「輪不到你說話」：限制表達

限制個人表達的方法非常多，其中最常使用的句型就是：「閉嘴」「囡仔人有耳無喙」「我吃過的鹽比你吃過的米多」「輪不到你說話」，這些言語暴力的特徵都是透過隱而未顯的權力施展，要求對方放棄自我表達的權利，以便積極配合有權力者的意圖或行動。

聽到這種句型的時候，需要意識到其實是「權力」在說話，而不是真的把聽話者當作一個獨立的個體，想試著溝通或理解。在說話者沒有自我覺察的情境下使用這樣的句型，多半會是充滿權力濫用的「言語暴力」。

從聽話者的角度來說，假使常常發生這樣的情況，會導致他們「噤聲」。也就是無法以自己的方式表達、不能組織自己的想法。縱使想法不成熟，縱使充滿問題，那也是目前他們理解世界現狀，以自己的方式表達，並參與世界、理解自己、組織自己是誰，也被世界理解的權利。言語暴力的發生，會導致經驗無法流通，也會造成權力繼續集中在「能說話的人」手中。

•「你不能這樣說話」：限制表達形式

除了「剝奪自我表達」，另一種常見的剝奪是「限制表達形式」，其中最常見的皆和性別與情緒相關。如「男孩不能哭」「女孩不能生氣」「你生氣也沒有用」等等。這類句型要求對方必須停止現在的表達方式，採取「被規定」的某種表達型態。

像是困窘的母親面對嚎啕大哭的孩子，只要求孩子好好說話、清楚表達自己的想法，卻不明白這樣的要求，對不理解自身情緒與感受，又未受到充分支持的孩子而言，是非常困難的事。因此，限制表達形式也是缺乏連結，且通常對個體沒有幫助的語言形式。其他例子像是：「你不能哭。」「這個時候要笑才乖。」「你這麼情緒化能不能好好工作啊？」等，都涉及片面的評價，並缺乏對於他人的理解或好奇。

個人的情緒或語言表達方式有個人獨特的脈絡，也是每個人跟世界互動獨有的方式。假使有人施加規範，認為「你不能以某種你特有的方式表達」，其實也等於扼殺這個人獨特的存在方式，並且意圖使對方成為別的樣子。

・「誰讓你覺得，你可以有這種需要」：限制需求

限制表達的第三種言語暴力型態，就是在「我可以你不行」「我有資格你沒有」的不對等權力概念下，限制對方的需求。例如「我沒說你可以要之前，你不能要」「你不能要……」「輪不到你有這種需要」，這些都否定了對方的需求。

每個人都有自己身為人的需求，其中可能包含安全感、歸屬感、免於恐懼、跟人有連結等等。這些需求是每個人身為獨立的個體，都渴望獲得滿足的需要，並不會因為權力不對等而消滅了彼此的需求。

假使我們認為彼此是平等的，那麼我可以有的需要，你也可以有。縱使身處不同的權力位置，依然是能彼此尊重、彼此體諒需求的個體，我們能在不同的位置上討論或合作，而不是只能壓抑自己滿足另外一方的需求。但在權力不對等的情況下，強權者能夠藉由剝削弱勢者來滿足自己，弱勢者只能想辦法耍心機、玩遊戲，

試著找到機會的縫隙來達成自己的需要。

需要本身沒有錯，每個人也都有其需求。然而言語暴力會讓我們無法彼此肯定，並迫使彼此以扭曲的方式回應自己的需要，更進一步鞏固權力不平等以及彼此歧視的結構。就像情緒或是獨特的表達方式本身也沒有錯，通常是言語暴力背後的權力不平等，決定聽話者該接受哪些情緒、表達或需要。同時，言語暴力也因此限制一個人做出專屬的獨特表達，進而導致他無法成為獨一無二的自己。

接著，來繼續看看威脅「自我堅持」的言語暴力有哪些。

2-6 撈過界的言語暴力：縮限自我堅持

「假使你不在必要時冒險，承受挫敗，我對你的意見就不感興趣。」——《召喚勇氣》，頁四六。

每件事都必須在我的掌控中 vs. 我尊重你有自己的選擇

知名的研究者、作家、也是TED影片瀏覽人次前五名的知名講者布芮尼·布朗，在她已經突破五千萬瀏覽的影片裡，提及「脆弱」與「勇氣」的不可分割性。她在系列作品裡反覆提及這概念：生而為人，我們總是會想控制所有事，試圖排除風險，同時避免脆弱。然而，當我們這麼做，通常也排除了勇氣、連結、愛，與她創造的一個字——全心投入（wholeheartedness），意指帶著不設防備的心活著。

她在《召喚勇氣》中這麼形容：「全心投入並不是將自己的心藏在防彈玻璃後

細心保護，而是整合我們的思想、感覺與行為。全心投入指的是，卸下盔甲，把我們那些奇形怪狀的過去經驗拿出來，加入令我們身心俱疲的各個角色，最後形成一個複雜、混亂、令人驚嘆且完整的人。」（頁一〇八）

但我們通常很難這麼勇敢地面對生命，一來是身上帶著自己過去的創傷，二來是可能還沒準備好靠近別人並展開真實的關係。如《假性親密》指出的：「假性親密關係會無意識地創造假的連結，來避免他人靠我們太近，以保護自己不受混亂情緒的傷害，但同時也無法享受真實親密關係所帶來的親密感。」（頁一九）書中更進一步解釋：

「在生命的初期階段，我們默默同意依循父母的規則來照顧他們，以換取他們對我們的照顧。只要我們的照顧者沮喪、焦躁或不快樂，我們便會盡自己所能讓他或她感覺好過一點。這種糾結的照顧模式，會悄悄地形塑我們與他人之間關係的動力，最終阻擋了真正的連結和親密關係。」（頁二一）

假使我們不曾審慎地面對自己內心曾經受過的傷害，也不曾試圖追索自己究竟從什麼時候開始會拚命保護自己、避免弱點、要求完美、將一切控制得牢牢的，內心通常也不可能有任何餘裕，遇到事情時更多半會採取近乎「膝反射」般的心理反射行動，無法思考是否有別的可能性、是否能緩一緩，最後常常只能往迴避挫敗與風險、避免受傷、加強控制的路線前進。

假使我們堅守在這樣的路線上，幾乎不可能迴避言語暴力，只能退位給「權力」。而沒權力、沒資本、沒力氣的孩子，通常只能在這樣的互動中節節敗退，擁有一個坑坑疤疤的自我界線，習慣於無法堅持自己的想法、習慣以父母的想法為重、習慣跟人保持一定距離。

被限制的孩子，長大後獲得了權力，則成為限制孩子的大人，繼續複製限制。

我的標準才是對的 vs. 你可以參考我的經驗

人際溝通光譜的兩端，一端是只有「我」的標準，並以語言或積極的行動恐嚇、利誘、威脅、剝奪、限制聽者遵守；另一端則是盡可能透明地提供自己的經驗跟資訊，讓對方能從彼此的能與不能、限制與可能性來評估，引導對方進行更深入的思考、支持對方找到屬於自己或彼此共同的答案，並陪伴著彼此一同進行挑戰。

前者的互動關係是「有權者跟服從者」，後者則是「發展者跟支持者」。每個人都有自己的極限，包含自己的天賦跟限制，所以在人際溝通的歷程裡，我們常在這兩個極端上擺盪。假使你跟我一樣很習慣言語暴力，那麼我們可能更習慣在人際溝通時採用「只有『我』的標準」的語言，讓「想幫助對方」的心意變成「想控制對方」的行為，加深了彼此之間的裂痕。

基於各種自己的限制或安全的考量，想控制情況並非不可行，也不一定有錯。然而很重要的是：想控制就該大方承認，不要將「想以權力控制」包裝成「因為我愛你」「就是我在乎你」「我都是為你好」。禁止對方探索，還要求對方自我限制，並侵犯、汙染對方的人際界線，從此讓對方深陷於難以化解的自我攻擊、自我懷疑或抑鬱情境。

通常，溝通裡會出現以下三種縮限自我堅持權的方式：

•「你敢……就給我試試看」：威脅或積極導致壞結果

第一種會傷害自我堅持權的言語暴力，就是恐嚇威脅。透過發話者的恐嚇、威脅、喝斥，再搭配剝奪、強勢體力壓制、嘲諷、否定、命令等等，讓聽話者心生恐懼，並因為擔憂接下來的生存所需物資遭受進一步的剝奪，因此自願放棄堅持。

通常這種句型會發生在「限制表達形式」無效之後。局勢演變到這種情況，其實通常就變成「權力爭奪戰」了。假使發生在孩子跟大人間，可能就會看到孩子更高八度的抗議，然後大人運用體力優勢把孩子五花大綁架出去；假使發生在成人間，很明顯就會成為權力角力，誰有權力做什麼、誰有責任做什麼、誰願意做什麼或不願意做什麼的零和遊戲。

這類型的語言，基本上也就是「權力」說話的語言，而不是關係內彼此互動的語言。而且這樣的權力語言，通常也不是合理使用正當的權力，而是不當濫用，以遂行滿足有權力者的欲望跟需要的行動。這樣的語言，自然是言語暴力，也是不當侵害聽話者權利的語言。

•「不爽不要做，別人搶著做」：主動斷裂關係

第二種會傷害自我堅持權的言語暴力，就是跟「斷裂關係」相關的言語威脅。事實上，這是一種情緒勒索，卻在我們的生活中極其常見。其中有很多的變形，包含：「不然你去當別人家小孩」「別人家的小孩怎麼就特別乖，真想跟他們交換小孩。」或是老闆跟員工說：「不爽不要做，別人搶著做。」「你可以請假，但我會記得。」

由於受暴者生存所需的關鍵可能仰賴著施暴者，所以斷絕關係會引起受暴者非常大的恐懼。但許多時候，施暴者不見得有意識到自己所帶著的「權力位置」，反而會認為這是可以利用的關係，並利用關係來證明跟約束對方的行動。如果對方沒有行動或表示，就剝奪他與重要他人的連結，以此迫使聽話者就範。

•「沒人像你這樣做的啦」：要求一致的罐頭工廠

第三種會傷害自我堅持權的言語暴力，就是要求一致的「罐頭工廠」。變化類型包含「你長眼睛看過誰這樣做嗎？」「天底下哪有這種事？不可能這樣做啦！」「你要留一點名聲給人探聽。」

通常會以某個人（通常是發話者的）單一標準，要求孩子或身邊的其他人必須符合這個標準，否則就是不好的。聽話的人通常沒有拒絕權，只能將這一切收進心裡，並且積極想方設法回應單一標準，進而造成個人內在的扭曲。

到這裡，已經介紹完三種言語暴力。分別是：**消滅存在的言語暴力**、**威脅自我表達的言語暴力**，**與縮限自我堅持的言語暴力**。這三種言語暴力如此常見，在我們的日常生活裡幾乎隨處可見。舉凡是以「我好你不好」「我可以你不行」「我有資格你沒有」的姿態進場，並且忽略聽話方的情緒、需求，以及自我表達與堅持權力的語言，都屬於「言語暴力」的範疇。

我們怎麼說話，就怎麼思考，而我們支持的究竟是「平等」或是「歧視」，看說出口的語言如何呈現就可略窺一二。

2-7 如果你發現自己使用言語暴力……

我們可能是首次有機會好好反思「語言如何帶來傷害」的一代。所以，希望大家能透過這本書一起看清楚這些語言如何傷害著我們，並思考自己是否願意一起踏上不一樣的旅程？

指出言語暴力，在於為人際溝通畫下一條「合適的界線」。不是為了責怪言語暴力的施暴者，而是理解他們可能也曾受過傷。

我們很難期待這個世界一夕之間變得不暴力，然而我們能試著從自己開始，修改使用語言的方式；試著對言語暴力更加敏感；試著讓說出「我想尊重你」的句子時，的確帶著這樣的平等、這樣的尊重，尊重對方有自己的情緒、有自己的需求、有自己獨特的表達方式；然後也試著以這樣的新語言對待自己，能透過區辨言語暴力，遠離那些會持續帶給我們傷害的人。進一步逐漸移動到一個比較友善、支持彼此的群體，並且允許自己成為一個有情緒、有獨特需求與表達方式、值得被尊重、肯定與善待的人。

言語暴力對於人的傷害是無痕卻巨大的。我時常遇到困擾的人們帶著各種期待前來，希望我能幫助他們「不再痛苦」，例如「希望不要有情緒」「希望自己不要那麼敏感」「希望自己不要有感覺」「希望自己不要惹人生氣」等等。常常在探問以後，我總會發現那後面是一系列言語暴力留下的傷痕：期待自己是個好工具，期待自己能順利工作且沒有低潮跟負面情況，甚至期待自己能「適應暴力」。

我也曾經懷抱著這樣的念頭，而且不斷自我責備太敏感。直到接觸言語暴力的概念，也學習了非暴力溝通，我才一點一滴地理解「權力」這個概念是如此具體又幽微，每一句話都彰顯著彼此的權力互動關係。但對於長年累月遭到剝削、被要求自我傷害與自我設限的人來說，這一切卻如此難以指認。於是，我慢慢地透過閱讀，整理自己的思考方式是否有什麼問題。我經歷了許多挫折、嚴厲的自我譴責、那些傷害了別人的事，或是那些無法保護自己的事，然後逐步學會辨識言語暴力，離開那些總是在言語上對我們施暴，然後又說「我只是跟你開開玩笑」的人。同時，我也漸漸找到了新的社群。我們很不一樣，但是都願意支持彼此的情緒需求，願意以平等尊重的語言跟彼此互動，幫助彼此療癒。於是，我才有機會慢慢地寫下你眼前的這本書。

如果你發現自己曾經使用許多言語暴力，無論是對誰，可能都會跟我一樣覺得非常羞愧、覺得臉上辣辣的、覺得很哀傷、覺得很想找一個洞躲起來，不知道該怎麼面對這許多非常不舒服的感覺，很想停下來，不要再想了。

如果你也有這樣的感覺，希望你能給自己幾個深呼吸，允許自己以舒服的方式閱讀、暫停跟前進。我期待這不是一本需要一鼓作氣看完的書，而是一本可以讓你依照自己速度一點一點地閱讀的書。你可以在任何一個感覺情緒滿溢的段落將書放下，給自己一段時間好好沉澱、組織、吸收，等願意拿起這本書的時候再翻開它；假使你發現有某些段落讓你非常不舒服，勾起一些迫切想忘記的童年創傷經驗，也請允許自己暫時跳過這些段落，允許自己尋求能支持自己的朋友來一起閱讀，或允許自己尋求專業協助，幫助你好好調適這個浮現出來的不舒服。

如果你一口氣看到這裡，頭大概會有點脹脹的。可能有許多感觸，也可能經驗到一些羞愧跟自我厭惡，因為發現自己竟然在無意間也說過這些話，急著想搞清楚自己有沒有傷害孩子或周遭他人。

請先做幾個深呼吸。不論如何，你已經站在「努力覺察言語暴力」「扭轉言語暴力浪潮」的前線上。你已經非常勇敢了。明明可以不需要忍耐閱讀這些文字的過程間浮現的種種不適；明明可以不需要反思言語暴力究竟如何傷害別人；明明可以不需要試著修改自己的語言，但你還堅持著，想知道更多，願意這麼真誠地面對自己，面對言語暴力在身上刻下的傷痕。

為了幫助我們能夠從「暴力的語言」轉向「不暴力的語言」，需要的通常不是自我譴責，或是讓自己急得像熱鍋上的螞蟻想找到解方。我們需要的是試著深呼吸，知道此刻不需要急著做什麼。我們正在學習、我們已經在努力、我們可以給自己更多時間，一點一點地幫助自己，讓自己漸漸地少播放一點從父母跟環境繼承來的「言語暴力錄音帶」，然後一點一滴地以新錄製的語言取代它。

不必急著一天就做到，我們都不可能一天就達成，沒有人能這樣馬上就完成。但我們可以試著靜下心，更仔細地好好看清這些「言語暴力」跟它背後隱藏著的權力不平衡，好幫助我們能好好認出它們、遠離它們，然後停止它們。

留意那些童年錄下的「暴力錄音帶」

言語暴力遍布在我們的生活中，電視媒體上、報章雜誌裡，也在長官對下屬說的話、家長對孩子說的話、一般人對犯罪者說的話、正常人對身心障礙者說的話、網路鄉民們彼此說的話。言語暴力如此常見，要學會不暴力地說話，反而需要很多運氣跟善意，無法唾手可得。

健康的孩子就像一卷空白錄音帶，他們會從各種環境資訊、家人朋友互動、閱讀吸收裡錄製自己的那卷錄音帶。裡面有許多關於什麼是對的、什麼是錯的、誰是好的、誰是不好的、誰可以不必當人看、誰可以當人看、犯錯是誰的責任等等的語言。

當環境充滿暴力，要錄製一卷非暴力的錄音帶談何容易？雞生蛋，蛋生雞，沒有人努力試著改變，就永遠只能停留在暴力的語言裡。要憐憫、疼惜自己，對言語暴力的受害者來說非常困難，因為得先抵抗這一卷充滿暴力的錄音帶。但愚公能移山，精衛可填海，我們可以從容易做到的逐步開始，一點一滴努力，試著讓屬於自己的那卷錄音帶不那麼暴力。

這時，不妨從覺察自己腦內那卷錄音帶開始。

當你受苦、受委屈、受挫折，腦海中快速閃過的那卷錄音帶播放著什麼？「誰像你這麼沒用」「就叫妳不要假勢（自以為是、自作聰明）」「誰叫你要自討苦吃，人家說不要你還討，活該」「死好，跟你說話都沒有在聽」「自己想辦法啊，我才沒那麼倒霉，一直幫你收拾」「都是你的錯啦」……以上每句話，都是暴力的語言，推開了自己與他人。

發現一直對著自己跟別人使用言語暴力時，就會明白：「原來，我有一卷充滿暴力語言的錄音帶。」這不是你的錯，這是因為環境裡還沒有那麼多善意讓你學習；這不是你的錯，請不要責怪自己；這不是你一個人的問題，而是大家都共同面對的難題。覺察「這裡有一卷暴力的錄音帶」就好，覺察「這不是我的錯，我也因此受傷」就好，覺察「我有暴力的錄音帶，但我總是可以重錄」，這樣就已經很多。而且，能做到這樣的你，已經很努力了。

對言語暴力的受害者而言，要他們停下暴力，開始試著原諒自己、自我悲憫、自我疼惜，實在是一件非常恐怖的苦差事，而且有點像是喚起非常強烈情緒的過程。

像是別人緩緩將善意語言放進你的錄音帶：「其實你不用這麼想，你已經很盡力了，真的。」但你內在的錄音帶咆哮著：「哪有，我就是做不好，我沒有用。」「我就是個廢物，才會需要你來安慰我。」「我就是垃圾，你不用說了。」「夠了！我知道自己多沒用。」「我知道自己多麼讓人失望。」讓我們情不自禁怪罪起那個釋放善意的人：「你不要再說了！我這樣很好！」這一切都是因為停留在言語暴力裡的時候，比較不痛、比較不吵、也比較習慣。

被吸收進心裡的言語暴力，可能轉換成對自己的暴力，或是對別人的暴力。像是「早知道就不要跟他一起做事，跟他合作就沒好事」「就是他搞壞我的事」「如果我自己做就會很順利」「那個廢物」。

暴力語言暴衝的背後，是不知所措的情緒：那些曾經因為羞辱、詆毀、侮蔑、批判、比較、忽視、否認自己而產生的情感。像從小到大被養育的經驗那樣：「哭什麼哭！哭能解決問題嗎！」「男孩子哭什麼，像女孩子一樣！」「女孩子只會一直哭，惹人心煩！」「有什麼好鬧脾氣的，我脾氣才大咧！輪到你耍脾氣了嗎！」「你連這一點事都不能忍耐，之後能有什麼用！」「我這是為你好！出了社會，這麼情緒化沒有用！」都反覆地讓我們學習到「不容許有自己的情緒」，而自己需要妥善地切割、排除這些情緒，假使無法做到，就以更多暴力的語言攻擊自己。

改寫自動播放的暴力錄音帶

自我悲憫，對言語暴力的受害者而言，就像是情緒的戰場，非常恐怖。

每一句試圖傳達「你可以對自己好一點」的善意語言，都會召喚過去的錄音帶，讓肉做的心捲入情緒的翻攪裡。明明渴望被好好對待、渴望被友善對待，卻不相信自己值得、不相信善意的語言能幫助自己，而緊抓著暴力的語言來「砥礪自己」，抗拒著放下暴力語言的一切邏輯。

「只有強者才能活！」聽著很熟悉、很痛苦，但習慣了；「你已經夠好了！」聽著很陌生、很可疑，像場騙局，不太可能是真的，一定是惡意的。於是在這樣的過程裡，洗著心的三溫暖，充斥非常多羞恥、憤怒、痛苦、恐懼、無助等情緒，然後再湧現更多的暴力語言。克服這個歷程，需要滴水穿石的耐性，也需要陪伴。

讓我們試著一點一點地改寫那卷暴力的錄音帶，一次又一次地反覆對自己說著「沒事的」「你已經夠好了」「真的沒有問題的，你可以有情緒」「你受傷了，可以好好哭沒有關係的」「這些年你受委屈了，你能好好對待自己的」「你可以不必再對自己這麼嚴苛了」「我會在一旁陪著你的」「沒關係的，你是安全的，我在這裡，沒有人會傷害你的」「這感覺真的很恐怖吧，沒事的，一切都會過去的，沒事了」。

一開始像九九．九九％的暴力語言對〇．〇一％的善意，但反覆地重新錄製，有一天它能變成四九．九九％的暴力語言對五〇．〇一％的非暴力語言。這個時候，我們便開始有能力自我撫慰、自我悲憫；能在困難、有情緒的時候，不只是讓暴力的語言暴衝，而是能安撫自己「沒事的」「沒關係的」「不管多恐怖，一切都會過去的」「我可以對自己好一點的」「我可以有情緒，我是安全的」。

我們都會沒事的，我們能一起對彼此更友善。好讓這個不安、充滿情緒的過程更順利一些。願每一個言語暴力的受害者都能找回心靈的平靜，也找回自我悲憫的能力；願我們都能有足夠的勇氣，挺過恐怖且情緒七上八下的歷程，能對彼此更友善，也對自己更好。

成為改變漣漪的核心

台灣也正經歷著這樣的轉型，從集權戒嚴的時代，轉向多元民主的時代。在這樣的過程裡，制度的轉型步伐總是快於人心，讓我們的習慣、我們的語言、我們的思考模式，可能都還帶著許多「不平等的權力」，並透過語言持續地鞏固著這些失衡狀態、歧視、彼此剝削與偏見，導致某些人就是比較沒有資格說話或被聽見。

這一切的背後是「語言」。言語暴力遍布的成長環境裡，必然帶來相關的習慣、思維模式及實踐。當我們哀嘆著這個社會不如預期，我們能夠選擇繼續當鍵盤名嘴，也能選擇開始改變自己說話的方式與習慣。因為每個人都是一個漣漪的核心，當我們改變了自己的語言使用習慣，就會隨著關係互動將平等、支持、友善的互動傳遞出去。

於是，**聆聽時，我們就能開始謹慎地分辨對方是否運用著「暴力溝通」**。因此，我們能知道是否需要遠離這樣的人以保護自己，或是避免自己持續性地受到傷害。我們也能透過「暴力溝通」的概念，區分出那些善意對待我們、支持我們有自己情緒需求跟堅持的人，與那些一直說著「我是為你好」卻總是傷害我們的人。

於是，**說話時，我們就能開始謹慎地分辨自己是否想使用「暴力語言」**。究竟是什麼理由讓我們想使用言語暴力？我們願意承認自己就是想使用言語暴力嗎？我們願意承認自己就是想使用暴力且不想尊重對方，只想對方服從自己嗎？還是我們其實有能力阻止最想脫口而出的那句話，試著找到更貼近心意、更能尊重對方獨特與自主選擇的表達方式？

願每顆飽受言語暴力所傷的心，都能逐漸找到區辨言語暴力、展開療癒之路的方法。

※小提醒：如果你讀完這個章節，覺得自己更了解「言語暴力」，想要回頭再做一次第一章的練習，重新整理自己過去究竟遭受過哪些言語暴力，這是個很棒的想法。這是一個可以讓你自己跟所愛之人反覆進行的練習。能幫助你一一爬梳清楚生命中確實一直影響你的那些言語暴力，一次次想清楚這些言語暴力究竟壓抑了你什麼，讓你一直耿耿於懷。

練習一 指認言語暴力錄音帶

假使你曾體驗過那種「突然沒有來由的情緒轉折」「本來還好好的，卻一瞬間心情低落」，或許，你的錄音帶已經在背景播放了。

你有沒有這樣的錄音帶呢？毀滅了你原本感覺幸福、興奮、喜悅的片刻，讓你覺得自己不能、不應該、不配、不可以擁有這些，應該改成追求另外某些東西？

這個練習可以幫助你多留意一下片刻閃過腦海裡的聲音。逐漸成為有感受、有情緒、有需求、能自由表達、能因為微小事情感覺幸福的人。

請試著填入常常浮現腦海的「言語暴力」句子，並思考它讓你浮現的情緒或想法，以及試著分析它對你的正面意義。最後，試看看把這句言語暴力改寫得更充滿善意。

常常浮現腦海的「言語暴力」句子	這句話讓我有什麼情緒或想法	這個句子對我有什麼正面意義嗎？	我可以怎麼改寫這個句子，保留正面意義但更充滿善意呢
「你做這個有什麼屁用？」	覺得自己做得很糟，做得很不好，感覺沮喪。	好像可以提醒自己更實際、更回應需求，不是自己高興就好。	「你做這個，打算回應什麼實際的問題嗎？」

言語暴力有三種
消滅存在
威脅自我表達
縮限自我堅持

學著去辨認，有助於我們瞭解自己，
並減少對別人言語暴力的可能性。

最重要的是，接納受傷的自己，
允許自己有情緒、有自己的需求和表達方式。
因為我們都值得被尊重、肯定和善待！

假使不別過頭去，會是什麼「心」語言？

「我們的溝通不是中性的。每次我們溝通，不是產生更多的慈悲、愛與和諧，便是產生更多的痛苦與暴力。」

—《諦聽與愛語》，頁一三八。

《狼的溝通，長頸鹿的溝通》在介紹非暴力溝通時，將日常生活的語言分為「狼的溝通」與「長頸鹿的溝通」，並在書中說明：「狼是我們都非常熟悉，由評價性與詮釋性思維領軍的說話與傾聽方式的專家……長頸鹿與狼相反，他能在談話中顧及感受與需求，而這一點正是『非暴力溝通』的要素，也是它又被人稱為『體貼他人的溝通』的原因。」（頁二七）

你我都很擅長暴力溝通，因為我們的確身處在一個充滿言語暴力的世界裡。所以，我們需要如同學習區辨「狼的溝通」與「長頸鹿的溝通」般，去分辨那些暴力的、評價性的、充滿詮釋的語言，並且試著學習一套不熟悉的新語言，好展開屬於自己的「非暴力溝通」。試著更充滿善意地對待自己、好奇他人，以及看到彼此的痛苦也不別過頭去，停留在關係裡。

這並不是一件容易的事，也不會是一件突然就能想通的事。通常需要一點一滴累積、一點一滴努力，然後到了某一天才能有「啊哈」的頓悟。彷彿過去的學習像一張四處散布的網線，而你一步步地朝向網的核心，直到終於能掌握這張網、掌握這個語言的使用方式。此時，也能體會新的語言帶給自己跟他人的力量，以及那種深刻與自己相連，也深刻與別人相連的感受。

為了獲得那個「啊哈」的恍然大悟，需要大量地累積跟學習，過程中更可能經歷很多次的挫敗。像是在社區大學的課程裡，每每指認完「言語暴力」，同學們都會陷入鴉雀無聲的沉默，不太敢貿然說話，擔憂自己會如何被評價。

大家第一次發現自己的語言竟然會產生這樣的影響，因此「失語」；或像一些同學跟我提到：「老師，我覺得自己學完非暴力溝通以後，反而變得不會溝通了。」仔細一問才知道，他以前一天可以跟十個人說話，現在卻因為發現暴力溝通的後遺症，希望自己盡可能避免使用暴力語言，變成一天只能跟三個人說話。因為說話的時候會一直想著「這句話是不是暴力的」「要怎麼說才能更好？」於是跟三個人說完就累了，便不想再多說了，更因此感覺到挫敗：明明是想學習溝通，怎麼反而變得不會溝通了？

我總是跟同學說，這是一個「值得慶賀」的退步，代表我們正有意識地說話。

我們憑藉著努力，正在逐漸遠離慣性的語言，試著在說話以前想一想、試著仔細區辨自己的心究竟想說什麼。是「你怎麼這麼笨」，還是「看到你這樣做，我很緊張」「我擔心你會犯錯傷到自己」。試著看清楚我們的語言帶給關係的影響，試著相信自己是有影響力的，試著在說出口以前反覆咀嚼每一句話，然後盡力地讓我們的語言反映自己的心；盡可能地讓我們的語言「無傷」，不會傷害聽到的人，也不會傷害到自己；盡可能地讓我們的語言建立連結、維繫關係，卻不造成傷害地織成一張綿密的網。

找到志同道合的夥伴一起抗戰

要往「非暴力溝通」邁進，會遭遇到許多阻力。

第一，過去遭受的言語暴力會在這時逆襲而來。它像在佛陀開悟前頻頻阻擋的妖魔鬼怪，會以各種我們最深的恐懼與恫嚇阻礙，也阻止我們療癒自己跟彼此。

第二，家人朋友可能會另眼相待，認為「你說話好奇怪」「你最近怎麼都這樣說話」「你好噁心」。這種時候，我們需要穩住自己，並認出家人朋友使用的語言都是我們慣常使用的暴力語言。我們已經決定停下這一切了，但他們還沒有，所以會不太習慣。

基於以上理由，學習非暴力溝通的時候，通常很難只憑自己一個人就能勇敢前行，但我們可以依靠著想要一起學習的夥伴。我們希望往同一個方向前進，並打算逐步將暴力溝通留在背後。雖然我們每個人有自己的恐懼、擔憂或是隱隱作痛的傷口，但因為這些傷口都不太一樣，所以能互相依靠。於是，我們有能力一起走得更長、更遠。

我們受過言語暴力的傷害，深深明白它帶來的痛苦，以及在委屈傷痛時被人「假裝看不見」地別過頭去。縱使很難，我們或許會期待自己逐漸學會一種新的語言，練習不侵壓彼此、試著打開每一個封閉在內心的故事，並因為這樣的經驗，更能接納自己的敏感、纖細、脆弱，或跟別人不一樣的地方。

這不會是一條容易的路，而是一趟展開個人自我療癒與療癒社群的英雄之旅。

願每顆曾經遭受過言語暴力而傷痕累累的心，都有機會找到社群，踏上自己的療癒之旅。

3-1 非暴力溝通的核心：覺察權力，執心溝通

「長頸鹿從他直通內心力量的連繫，滋生他不論施或受都感受到的喜樂，而這種喜樂則能豐富他自己與他人的生命。施與受對他來說，已經是合而為一了。」——《狼的溝通，長頸鹿的溝通》，頁五二。

身為言語暴力的受害者，或許很習慣一切都可能變成自己的責任，擔憂著隨時會甩來的各種言語暴力，所以無時無刻不盯著外界的風吹草動。緊盯著別人的舉動是否即將對自己不利；習慣小心翼翼地注意各種錯誤；避免各種風險，只要事情不要掉到自己的頭上，就跟自己沒關係，這樣就安全了。

這些行動都源自於恐懼。恐懼別人對自己做什麼、恐懼自己是否沒控制好風險、恐懼自己每個行動是否可能犯錯、恐懼各種可能不成比例來到眼前的懲罰。為了避免恐懼，我們始終看著「外界」，卻經常遺忘了自己。因為外界沒事就代表我

沒事，所以我們通常不需要花力氣跟自己連結，當下感受到的一切不舒服跟不適，通常都是別人害的。

非暴力溝通，則是一個邀請。邀請我們開始嘗試區辨，然後試著讓「彼此斷裂的言語暴力」轉向「連結彼此的非暴力溝通」。

說話時不是想著怎麼樣切割問題、怎麼不犯錯，而是思考避免言語暴力，同時真誠地展開連結；不是對彼此的痛苦別過頭去、準備閃人，而是試著與自己的不安連結，關心自己發生了什麼事，也關心對方究竟經驗到什麼，自己有沒有辦法做些什麼，幫忙緩解痛苦。這些行動都源自於信任。信任每個反應與情緒都有它的理由，只需好好覺察捕捉這些訊息，找到屬於自己的答案，就有機會滿足自己的需求。

說話，並不是一個中性的舉動。通常越認為自己的言論無足輕重的人，越容易採取言語暴力的句型，因為他們認為自己說的話不會造成任何影響。但其實這句話只要一在腦海浮現就影響了自己，說出口後則影響了聽到的人，更甚者會刺傷某些人，造成嚴重長久的傷害。

當我們能透過語言與自己的核心相連，安頓自己的內在，就能懷著同等的信任與他人互動。信任對方也是個真實的人，有自己的需求、情緒、獨特的選擇及傷口。所以當對方出現我們不理解的情況、奇怪的行動、解釋不清或陷在自己的傷口裡，我們能試著連結、試著支持，而不是恐懼與逃離。

暴力的語言強化了權力不對等的概念，也就是「我可以你不行」；非暴力溝通的概念強調「我們不一樣，但沒有誰不好」的概念，以及關於「既相互連結又保有獨特」的狀態。

你覺得自己是個有影響力的人嗎？假使你知道自己的語言有影響力，你希望它能影響什麼？你說話時是為了傷害對方嗎？是為了證明自己比對方厲害嗎？你能不能用其他的句子說，但不需要強化不對等的權力關係？你能不能鼓勵對方說出自己的經驗，也讓對方看見你的經驗？你能不能讓自己的話反映自己的心，讓關係更加緊密，生命更加豐盛？

我們說出口的語言，從來都不是中性的，而你想怎麼選擇呢？

我們都有傷，但非暴力的溝通能避免觸發傷口

「狼總是知道什麼是對的，什麼是錯的，他堅信自己的觀點適用於每個人和每件事。」——《狼的溝通，長頸鹿的溝通》，頁三八。

我們通常都不知道自己身上有多少傷口，直到被碰觸、痛得跳起來以前，更不知道傷口在哪裡。

學習非暴力溝通一段時間後，發生了一件事，讓我更深刻地理解自己身上原來有很多傷。那段時間，我比較少自我譴責，也比較不會對別人暴力相向。才覺得自己有進步，考驗馬上就隨之而來。一天，因為我常常需要使用的耳機有點接觸不良，明明已經很小心保護卻還是有點怪怪的，讓我有點自責。但因為日常所需，所以忍不住跟先生說：「我的耳機壞掉了，想買個新的耳機。」

先生只問我：「它真的壞掉了嗎？」零點幾秒內，我感覺自己聽到的變成：

「妳就是想亂花錢。」「明明沒有壞掉，妳還要換。」「妳不配買一個新的耳機。」明明先生沒有說這些話，但腦海中這些句子帶來的強烈情緒，卻讓我認為他就是不相信我，也覺得他就是想阻止我買東西。這讓我非常生氣，再混和著弄壞耳機的自責，完全不想跟他說話。

先生認真地問我：「怎麼了嗎？我只是想知道是不是真的接觸不良，沒有要阻止妳花自己的錢買需要的東西啊。」並且認真地拿著我的線測試，想知道是不是哪個角度有問題所以無法順利連接，是否能用膠帶或其他方法處理，而不需要買一條新的線。我知道他正在幫我測試，但我就是感覺既沮喪又挫敗、丟臉，無法好好地跟他對話。

過往遭受言語暴力的經驗，讓我陷入自己的傷口。此時別人的反應能是阻力，也能是助力。先生反覆且持續地使用非暴力的好奇，而不是言語暴力的「妳在發什麼神經？」「妳又怎樣了？」「我哪裡對不起妳嗎？」的句型，他試著不帶評論地陳述自己的想法。這給我一點空間，在強大的挫敗跟羞辱感裡找到描述自己的方法。

於是我對他說：「當你說『它真的壞掉了嗎？』，我聽到的是你不信任我、認為我亂花錢、我不配滿足自己的需要。這是你想說的話嗎？」他澄清：「當然不是，我只是想幫你測試線，搞不好不用多花錢。我為什麼要阻止妳花自己的錢去滿足自己的需求呢？」

每個人身上都有許多傷口，每個傷口也都有獨特的化膿方式。有的人會一直說個不停、有的人一言不發、有的人憤怒地希望全世界都認同自己、有的人關在自己的房間裡遠離世界、有的人生悶氣、有的人是專心地刷馬桶。

但是言語暴力造成的傷口，只能以「非暴力溝通」緩解、支撐對方，並讓對方的自我療癒能力發揮作用。萬一我們只會使用言語暴力，則更可能在上述這種場合挖開傷口，讓原來不會引起感染潰爛的疼痛傷口越傷越深，更可能讓它日後被碰到時演化成更快、更難言說的強烈情緒、自我譴責、自我退縮或強大的反擊能量。

言語暴力，像是持續敲擊龜裂的玻璃，卻又不允許它太脆弱而碎裂。它無法緩解傷口，通常只會增加新的創傷，並逼著某些已經遍體鱗傷的心退無可退，只差一步就會自我傷害。

我們時常高估彼此的堅強程度，又低估言語暴力可能造成的影響程度，結果就是造就了我們共同生活的這個社會現狀。一件事發生的時候，每個人都可以酸上兩句，然後認為自己說的不會產生任何影響。當最弱的那個人無法承受的時候，我們不會反思是自己言語暴力造成的結果，而是指責對方：「都是你不夠堅強。」「這個世界沒有那麼好混。」把彼此推到一個岌岌可危的懸崖上，退無可退，只能以死明志。

其實我們可以不必這樣做。假使我們能試著掌握非暴力溝通，就能善待彼此的疼痛。

讓「言語暴力」成為指標，辨識究竟該留在哪些人身邊，特別是我們受傷的時候。讓我們訓練自己培養「非暴力溝通」的能力；讓我們以非暴力溝通試著跟深刻而敏感的自己相連，也允許別人的情緒、需求、選擇與獨特的敏感；讓非暴力溝通帶著我們擺脫只能以某種方式表達情緒、需求的規定；讓非暴力溝通使我們的語言可以盡量展現權力平等，支持對方成為獨特的自己，而非某個固定的樣子，或我們期待對方成為的樣子。

既然人人都有自己過去的故事跟傷口，所以當然能以和別人不一樣的方式表達，並以獨特的方式療癒自己跟陪伴彼此。而非暴力溝通能幫助我們好好說話，不刺痛傷口，展開療癒的連結。

我們都優勢也劣勢著，但能試著對彼此釋出善意

我一直以為自己跟別人差不多，直到遇到許多人一而再再而三地現身說法，才讓我發現自己享有多大的優勢。而這一切，讓我無法理解處境與我不同的人。

我曾經認為如果有家暴，太太順著先生不就沒事了？結果遭對性別平等精神熟稔的朋友罵了個臭頭；我也曾經覺得自己結婚多年沒有生育應該跟公婆道歉，然後再被先生訓了一頓：「妳是跟我結婚，而不是跟我爸媽結婚，沒有必要道歉。」；

我也曾經覺得要成為一個社會人的條件，就是要有穩定的八小時工作，然而在認識服務無家者的夥伴以後，才理解自己的標準實在離這個社會很遙遠。

我們身上都有著許多不同的標準。這些可能是從小養成的，也可能是後天發展的，但不論如何，它們通常都來自遭遇言語暴力的經驗。那些隱形的標準，讓我們看不見不同的處境。

言語暴力的受害者通常被迫學會的，就是「必須服從有權者」。無論這件事是否合理，受害者都會逐漸學會順從，或至少有一套自己虛應故事的方法。同時，他們也學會「沒有權力的人就沒有資格講話」的現實處境，並且學著讓自己噤聲。於是每個領域都只有某些人可以講話，其他人就漸漸地永遠沒有機會講話，或是講的話沒有人要聽。這樣的情況下，能夠流通的故事通常總是些主流故事，也就是鞏固言語暴力施暴者權力的故事。而關於受害者的故事通常就此佚失。

有點像《異見的力量》裡引用的心理學實驗。七個有利於A候選人的資料被蓄意不平均地分配給參與實驗的成員。假使大家都拿出自己手上的全部資料來討論，他們會支持A候選人。但矛盾的是，大家都將討論重點放在「彼此都知道的資訊」上，像是大家都有的四個有利B候選人的資料，卻沒有人要討論只有自己有的A候選人資料。我們總是預設自己的故事不值得說，或是預設這些資料別人大概也知道，沒人想提大概就不重要。於是，明明A候選人的有利資料較多，卻因為沒有討論，大家就一起支持了B候選人。（頁一七九～一八一）

假使每個故事都值得說出來，而且每說出一個故事，大家都能一起獲益，你會怎麼做？麻煩的是，長期受到言語暴力影響的人們，要不是早早掐死自己的故事，就是會開始爭奪說故事的權力，沒辦法看到彼此的關係，也無法成為打開故事的人，只能成為無助的受害者。

有一次我搭公車要去工作，結果遇到一名視障少女。她牽著一隻很乖的導盲犬，是土黃色的拉不拉多。她一上車，旁邊有位坐著的伯伯就突然跳起來，反應很大地說：「狗怎麼可以上車，牠會咬人！」視障少女認真地說：「牠是導盲犬，有受過訓練，不會隨便咬人。」

不清楚伯伯是不是曾經跟狗有什麼不愉快的經驗，他只是反覆地重述著：「狗怎麼可以上車，牠會咬人。」結果公車司機跟乘客都很熱心地澄清：「導盲犬是可以上車的，牠們都有經過訓練。」但伯伯似乎卡在自己的經驗裡，不斷強調狗會咬人，很可怕。最後，視障少女哭了起來，說著：「為什麼已經這麼努力澄清了，大家還是不了解。」這讓旁觀的群眾也義憤填膺了起來，開始斥責伯伯：「沒知識可以去研究。」「你讓人家都哭了。」「閉嘴。」

最後女孩哭著下車了，伯伯也憤懣地下車了。雖然解除了尷尬，但沒有任何新的理解產生。

對創傷的了解不足，讓我們時常看到一個議題就急著選邊站。站在弱勢那邊總不會錯，並且以各種言語暴力攻擊我們認為「不正義」的一方，而不是試著站在第三方，打開對話的空間：詢問伯伯為什麼那麼怕狗？女孩這樣解釋他有聽懂嗎？詢問女孩遇過多少不被理解的故事？她曾經面對怎樣的委屈，願意說說嗎？當兩邊的故事都被打開，也許有機會讓伯伯發現，他害怕的狗並非眼前的這隻；也讓女孩發現，讓她難過的並非眼前這位怕狗的伯伯，而是過去那些不願理解的人們。

當時看到這個情境，我對非暴力溝通還不熟稔，沒有把握用得好，所以只是默默地看著一切發生。如果有機會遇到新的衝突情境，希望能有機會讓這樣的故事被打開，讓人們能彼此連結，發現引發自身創傷的，並不是眼前的這個人。而我們能展開不一樣的、有意義的新關係，讓生命也獲得轉變，不只是孤伶伶地站立在兩個「受害者」的位置上。

我們可能都有許多優勢跟劣勢的位置，卻不見得想當施暴者。我們想要的或許只是能有一個空間好好說說自己的故事，也好好地獲得傾聽，跟彼此好好連結。

我們的語言能「封閉」對話的空間，也能「打開」對話的空間，療癒彼此並建立關係。所以你會怎麼選擇呢？

願每顆飽受言語暴力所傷，故事支離破碎難以言說的心，都能在善意支持下逐漸找到語言，好好描述一個屬於自己、獨一無二的故事。

找回自己的碎片

言語暴力的其中一個特徵就是「要求服從」，附帶的結果就是將自己分裂成「好的我」跟「壞的我」。例如：女生坐著不可以張開腿、男生不可以愛哭、你有情緒是沒有用的、沒辦法做對事情的自己是沒有用的、不符合〇〇〇標準的自己是不好的。我們就是在這樣的過程裡讓自己碎個一地，而且不知道不符合標準的自己以後還能是什麼。但這個小練習，或許可以幫助你我找回完整的自己。

◉材料：一串文具行都有的單字卡串或一盒空白名片（但不推薦花花綠綠的可愛名片，容易讓你分心，不容易專注在自己，也比較難跟自己連結）。

◉地點：挑選一個比較不會受到干擾，不會遭受言語暴力的情境。

◉做法：

一、**花一點時間深呼吸，至少十到十五次**。如果你剛好有精油或香氛，可以滴幾滴在手上或是噴在空氣裡，能幫助你更能感覺到自己的呼吸是否夠深。深呼吸能幫助我們感覺到自己的身體，也能幫忙我們跟自己有更深的連結。

二、**寫下自己擁有的身分**。打開單字本或筆記本，在心裡跟自己說：「我期待找回完整的自己。」然後開始試著在紙張上寫下自己的不同身分。注意！一張只寫一個身分！不要怕浪費，給每一個身分多一點空間！

三、**持續地寫**。可以從擁有的身分開始，例如：男性、女性、兒子、女兒、媳婦、妻子……不同的稱謂就是不同的身分，不同的經驗也是。你可以慢慢地書寫，例如：愛哭的、脆弱的、愛打電動的。現在是跟自己在一起，所以不要審核自己這個身分好不好、大家能不能接受。先寫下來，不要想太多，一直寫就是了。

四、**給你的情緒一些空間**。書寫的過程裡可能會遇到情緒起伏，那非常自然。請給自己跟自己的情緒一點空間，停止所有暴力的語言。例如：哭什麼、我怎麼寫不完、我連這個都做不好、我為什麼這麼笨、我永遠無法喜歡自己……如果有任何情緒浮現，那是找回完整自己必經的「哀悼」。請允許自己感受這一切，並相信自己，一切都是正常的。你沒事的，你可以繼續完成的，你會按照自己的速度如期完成。

五、分次完成。找回自己的過程通常不太可能是一蹴而就，所以這個練習也不會一次完成。但第一次可能需要一點時間幫自己進入狀況，有多一點點的時間跟機會可以感受更多的情緒並與之連結。我推薦將它隨身攜帶，讓你可以進入狀況後後想寫就寫，想停下來就停下來。

不論你認為它們是不是值得說出來，現在你收集了這麼多身分、這麼多面向、這麼多豐富的經驗、這麼多的自己，只要接回他們，就能逐步接回完整的你。

語言必然包含連結，無論是連結自己或他人

「我為你而在。我知道你在，我很幸福。我知道你在痛苦，因此我為你而在。我在痛苦，請幫助我。這是幸福的時刻。（被稱讚或批評時回饋，不論如何）你有部分是對的。」——《諦聽與愛語》，頁七六—七七。

我跟先生居住的空間裡有一名比我們更早入住的房客，是一隻大小約五公分的蜘蛛。搬入時曾經聽說過，但一直沒看到牠，久而久之也就忘了，直到有一天突然在廁所的門邊看到牠。先生從小怕蜘蛛，於是大叫跳起來。我雖然不怕蜘蛛，但五公分大的蜘蛛也是有點恐怖。於是，我們試圖用各種方法引牠入畚箕，再帶到自然空間去，但總是沒有成功。牠會突然衝到某個地方躲起來，有時候是廁所、有時候是鞋櫃。我們常常在做著日常動作的時候，就會被過著日常生活的牠給嚇到。於是，有一段不短的時間內，我們都必須意識到蜘蛛可能會出現，盡量避免自己的動

作太大嚇到牠，再因蜘蛛的暴衝嚇到我們自己。

我們漸漸開始試著跟蜘蛛溝通：「蜘蛛啊，我需要上個廁所，你可以在半小時內先離開這裡，讓我安心地上個廁所嗎？」「我們沒有要傷害你，你可以不用暴衝，那樣很耗體力。」「蜘蛛啊，我要開個門，你不要嚇到，不然我們也會被嚇到。」明明蜘蛛可能根本聽不懂，但我們就試著一邊安撫著自己，一邊把自己要做的事大聲講出來。

過了一陣子，先生說這樣的表達方式讓他沒那麼怕蜘蛛了。他說自己以前也做過很多事去克服對蜘蛛的恐懼，但透過這樣跟蜘蛛溝通的語言，感覺蜘蛛也是家裡的住民，彼此配合一下就沒事了；感覺蜘蛛不是故意要傷害或嚇我們，我們也沒有蓄意傷害牠的意圖。如此的表達好像因此更舒緩了緊張，反而獲得心靈的平靜。

這樣的說話方式並非我們自己獨創的，而是曾在電視上看過淨空法師也這麼對居住空間的螞蟻說話。

明明可以大手一揮就打死螞蟻，但淨空法師沒有這麼做。他試著讓自己的語言反映自己的心，帶著「無傷」的意念前行。他告訴螞蟻們他想做的事，然後留下一段時間讓螞蟻們慢慢離開這個空間，半個小時後，他再回來繼續做自己的事。

無傷的、充滿連結的語言，就是非暴力溝通的語言。

不是「你怎麼在這裡？我都不能刷牙洗臉了！」「你看來好礙眼，我一定要打死你。」而是「你需要使用這個空間，但我也有需要，我們能不能共同使用？」在這樣的語言裡，我們轉換了自己的意念，試著一遍遍說出自己想做的事，一次次表達無傷的渴望，也將對方當成能夠溝通的生物。這一切，會幫助我們跟內心深刻的慈悲相連，也幫助我們取得內在的平靜，因此能夠漸漸地放下那份恐懼與焦慮，好好地共同生活。

語言給出的慈悲，會撫慰著需要慈悲的自己，然後也將這份慈悲擴展到聆聽的人身上。

讓語言擺脫控制的桎梏

非暴力溝通的語言，會試著讓每句話更貼合自己的心，不只想著施加控制，而是試著說明清楚自己的狀況、自己的情緒、自己的需要。

因為我們知道，自己的觀點也只是「一種觀點」，可能有其限制跟誤差，所以必須負起責任說清楚，好讓對方容易與自己溝通；因為我們理解，這個世界有很多部分是自己無法控制的，所以我們放下控制跟透過傷害控制的意圖，只談自己、只談關係，然後共存。

在關係裡習慣控制的人，很難體會到關係裡的那些幸福片刻。他們擅長運用言語暴力跟行為控制，讓別人做的一切都基於自己的操作跟計算。這種做法通常會在關係裡埋下很深的恐懼跟不信任，因而期待透過言語暴力有效地造成傷害、有效地迫使對方服從自己的控制。對於被控制的一方來說，則是無論怎麼做，對方都不會開心。自己的付出總是被視為理所當然，因此時常越做越痛苦。

如果言語暴力的背後是「運用權力控制他人」，非暴力溝通則是「透過語言貼近自己與對方」。

使用非暴力溝通時，我們明白自己無法控制對方，因此對方所做之事都出自於個人的意願。就像《命運治療師》裡，對這個世界失望的長谷川泰三先生打定主意要「好好麻煩別人」，飽受拒絕後再赴死，結果卻在請求別人幫忙以後，意外體會到珍貴的連結。原來連結是可能的，傷害不是必然的。自己的善意傳遞到了，明明對方可以不需要這樣做，但也以善意回應。那種心意相通的悸動，多麼感人。

我們能成為彼此的網，而不是把彼此推向崩潰邊緣的利刃

曾經在社群媒體上看過一段令人心碎的監視器畫面。

一位中國的中學生不知道犯了什麼錯誤，他的母親被叫到學校，孩子在走廊上罰站。不知道母親跟老師討論完了沒，但她對著孩子激動地說了一頓後就走了，孩子愣愣地站在走廊上繼續罰站。約莫一分鐘以後，孩子卻突然翻過走廊上的女兒牆，一躍而下。聽到動靜的老師跟家長馬上衝回來，孩子緊急送醫，卻沒有辦法救回他的性命。

雖然畫面沒有錄下聲音，不知道他們具體到底說了什麼，但我忍不住反覆播放孩子一躍而下前的沉默片刻。那安靜的片段、那靜默的背影，如此纖細又如此沉重。那個沉默而短暫的時間裡，他到底在想著什麼呢？他是否已經覺得自己的人生一無是處呢？

當我們的環境充滿言語暴力，使用的語言自然也充滿言語暴力。它總是帶來傷害，只是我們通常無法認出來，因為我們早已對這樣的句子習以為常。這一切讓我們看不見言語暴力對自己造成的傷害，也讓我們看不到可能對別人造成的傷害。這樣一無所知且持續使用言語暴力，會造成很巨大的傷害。不敏感的自己，於是看不到別人的敏感，還嘲笑別人玻璃心，卻不知道自己正將彼此推往一個岌岌可危的處境。

我們可以依照自己的習慣，順著充斥言語暴力的社會走，不加以管理自己的語言，恣意地盡情說話，不思考語言背後究竟有多少不當使用的權力、有多少可能對彼此造成的傷害。但我們也可以停下這一切，改變即將說出口的那一句話，讓一切可以有不同的結局。

剛開始轉換語言的時候，別人可能都會覺得你很奇怪，但堅持非暴力溝通的語言是有意義的。它既能讓我們守護自己生而為人的主體性，包含我們的情緒、需求、選擇的獨特性，也能讓我們看到對方的。溝通不是為了控制，而是為了在我們之間交流、相互理解。好從兩個如此獨特不同的存在之間，找到方法一起共同前進、一起活下去。這樣的做法能幫助我們無傷地對待彼此，並讓這樣無傷的關係成為療癒彼此的基礎，讓我們能更勇敢地成為獨一無二的自己，滿足自己的需求並體會到充實幸福的生活。

我們的一句話，能成為把彼此推向崩潰邊緣的利刃，也能編織成一張網，不只能接住對方，也能牢牢地穩住自己，不再墜落。

找到你的彈珠罐朋友

我們非常幼小的時候，通常無力區辨別人說的話究竟是傷害或是幫助，因此常常吸收了超過自己所應承受的情緒跟言語暴力。這一切的烙印，開啟此後整個人生的界線不清，讓我們混淆了「控制操弄」與「愛與扶持」。為了幫助我們逐漸找回健康的界線，需要透過這個練習，不再把內心的權重都放在那些會傷害自己的人身上，而是放在那些幫助我們成為不一樣自己的人身上。這些透過非暴力溝通與我們溝通的人如此珍貴，讓我們成為自己，也成為一個更好的人，不妨試著感謝這樣的人。

布芮尼．布朗在《召喚勇氣》裡提到：

「我們可以信任在我們生命中，不斷從我們手中贏得彈珠的人。每當有人支持你有自己的情緒、需求，或鼓勵你成為不一樣的自己，你就把彈珠放進她的罐子裡。每當有人評斷、否定、命令、嘲諷，或威脅你只能跟他一樣，否則就施予懲罰，就把彈珠從他的罐子裡拿出來。假如有人不斷贏得我們給的彈珠，直到你發現她手裡的彈珠罐已經裝滿了，她就是我們要找的人，你可以把祕密告訴她，向她傾吐心事。」（頁五十九）

我參考這個方法，並加上「言語暴力」的元素，設計出這個練習。希望能幫你找到屬於自己的「彈珠罐朋友」。這可能會是一個很困難的練習，因為它違背了你一直以來緊緊抱著的「被嫌就是愛」的信條。但還是邀請你試著練習看看，然後打開你的感官去感覺這一切練習之後，是否有什麼不同？

◉做法：

一、**列出名字**。在一張紙上寫下所有你認識且覺得重要的人名或暱稱。

二、**排列順序**。試著排列出每一位你願意揭露祕密的程度。排列完成後，可以拍張照記錄。

三、**參考言語暴力經驗再次排列**。試著再次依照不同的程度排列：哪些人讓你不曾經驗到言語暴力，哪些人時常對你使用言語暴力。排列完成後，可以再拍張照記錄此刻的排列順序。

四、**找到支持者**。從這些排序裡找出屬於你的「彈珠罐朋友」。這些人不見得總是附和你，但總是真誠地對待你，尊重你有自己的情緒跟需求，也允許你是一個獨特的存在。

五、**傳遞感謝**。找出屬於你的「彈珠罐朋友」，然後花個五分鐘告訴他們：「謝謝你一直以來都如此真誠地對我，幫助我找回自己的情緒與需求，也協助我成為一個『跟大家不一樣也沒有關係』的人。謝謝你，我很感激你的存在，以後也請多指教。」

用自己的話，說一個自己的故事

「無事（nothing）——什麼也不說（saying nothing）——的作用在於，它是有話可說的前導。『無事』不是奢侈，也不是浪費時間，而是有意義的思想與言語的要素。」——《如何無所事事：一種對注意力經濟的抵抗》，頁三〇。

我從小就是一個很聒噪的小孩，被家母戲稱為「聒噪的鸚鵡」或「中央廣播電台」。我很喜歡說話、很擅長說故事，但其實很少說「自己的故事」。

一開始要跟別人分享自己的故事時，我覺得很恐怖，不知道自己能說什麼，不知道有什麼故事夠資格拿出來分享；我感覺很驚悚，彷彿把一塊肉丟到野狼群前，接下來一定得面對恐怖的血腥畫面，看著自己的故事被銳利的牙齒撕得四分五裂。縱使別人告訴我不用擔心，但我還是害怕到完全無法動彈。於是漸漸地，身邊的人對我很失望，離開了我。我也覺得很挫折，卻不知道該怎麼辦。

身處於言語暴力環境裡的人，會學著逐漸隱蔽自己的故事。我們可能會說很多話，但裡頭通常很少包含自己的故事，多數是用來談別人的事以及爭奪權力之用。所以這個狀況一直延續著，時常在開口前就非常焦慮、疲憊。因為我不知道如何說出自己的故事好跟這個世界連結，更不知道說了以後是否又會讓別人不舒服。直到我搞清楚言語暴力的定義，也就是明白語言的合理界線究竟在哪裡，才第一次能夠放心地說一個自己的故事。那時，我也才第一次能將那些來到面前的言語暴力，當作是對方有自己的傷口還沒有處理，而不認為是自己犯了什麼錯，或把別人不舒服當成自己的錯，不假思索地悉數收下對方的言語暴力，並且快速地吸收內化。

也是在理解了言語暴力的定義後，我才首次明白他人的不尊重是他自己要負責的事，而我需要負責的就是自己說的話、仔細地挑選那些增進「無傷」的語言，並讓自己的語言確實地反映著自己真實的心意跟經驗。如此一來，我就能說出自己的故事，跟別人交流自己的經驗，擺脫疏離又斷裂的情緒。

如果每個人都同等地擁有羅洛梅所說的那五種權力（見第二章〈個人語言表達上的五種權力〉，那麼，我們必然也擁有說自己故事的權力。我說自己的經驗，不妨礙你說你的。我們的經驗縱使非常不同，仍可以在無傷的前提下，表達自己版本、角度、觀點的獨特故事。

言語暴力帶來的斷裂

有權力的人時常濫用權力，並透過言語暴力等粗暴的方式，積極地羞辱、貶斥、壓抑、奪走另一人健康的自我表達與自我保護機制，迫使對方聆聽、配合與服從施暴者的想法。

在這樣的氛圍裡，言語暴力的受害者時常活在一個「斷裂」的世界裡，很少被允許「說出自己的故事」。

舉例來說，很多時候我詢問學生：「你對這件事有什麼想法？」他們通常會回答：「我媽媽說……」「我爸爸說……」「我男朋友／女朋友說……」假使繼續追問：「所以你自己怎麼想？」卻通常答不上來。他們不知道自己可以有什麼想法，自己的想法重要嗎？就算自己有想法又有誰在乎？自己的想法說不說出來有意義嗎？

言語暴力，奪走的不只是一個人保護自己的本能，也會奪走一個人描述自己的能力。這一瞬間的啞然，正是因為我們心裡裝著別人給的標準，從來沒有被允許用自己的方式說自己的話，所以不知道什麼是自己，也不理解什麼是自己的說法，更不了解怎麼用自己的角度說自己的故事。

無法表達自己獨特的觀點、情緒跟需求，只能被迫以別人給的暴力語言為支架去組織自己。於是只能說一個連自己也不滿意、自己也討厭的故事，因此失去跟這個世界的連結。因為失去了描述自己的能力，只能加倍依附著施暴者，越緊密就越受害，越受害就越緊密。

但我們可以不必這樣，我們可以從認得言語暴力開始，找回說自己故事的能力。

從說一個自己的故事開始

活在這個世界上，一定有許多經驗。透過語言，這些經驗被組織成理解世界的觀點。當我們暴露在大量的言語暴力裡時，它勢必也會成為我們的觀點之一，拿來組織自己，也用以組織自己跟別人的關係。當內在使用的語言非常暴力，縱使沒有說出口，它的影響也依然存在，讓我們總是出於恐懼而行動，總是擔憂懷疑別人，卻沒有辦法感到安心跟放鬆，也不能感受到關係的喜悅。

一個充斥著言語暴力的社會，是控制與被控制、彼此不信任的社會。在這樣的氛圍裡，說自己的故事是件恐怖的事。這會暴露自己弱點、容易遭到他人威脅或恐嚇、喪失主導權、放棄控制或威脅別人的權力。

假使我們希望建構的是一個能療癒自己、能安心停留的關係跟社會，就需要改變我們使用的語言。讓我們從自己每天那些瑣碎不起眼的生活小事開始，在覺得舒適的狀態下，練習用自己的語言，試著一點一滴地描述、組織「我是誰」「我喜歡什麼」「我對什麼有興趣」，寫下屬於自己的獨一無二的故事。不需急著一定要拿出來跟別人分享。可以做為自己的紀錄，也可以做為整理某件事的思緒，也可以只跟特定的人分享。當然，你也能在自己覺得安全的社群進行分享，或是完全不分享，只寫給自己看。

我們的心裡總是埋藏著太多不曾告訴任何人的故事，無論是開心的、不開心的、鬱悶的、悲傷的、難過的、遺憾的、擔憂的、無奈的、無助的、沮喪的，卻還是樂觀地期待也許某天所有問題都會迎刃而解，所以不曾向誰傾吐，更覺得沒有必要寫出來。一旦寫出來就可能被看見，一旦被看見就可能抓住把柄，於是便一個人靜靜地擁抱著一座莊園，直至腐朽。

書寫，其實可以是一種很好的整理，而且不需要擔憂遭到他人評價。

你的人生走到現在，一定有許多故事，其中更有許多鮮少告訴他人的故事：那些想讓他人聽見，卻又害怕遭到攻擊的故事；那些說起來有點卡卡的，但仔細描述又可能讓自己馬上湧出許多情緒的故事。如果你一時之間想不出來可以寫什麼，不妨回頭從第一章的練習裡找靈感。若將這些小經驗寫成幾百字的小故事，你會怎麼寫呢？是從當時所在的空間開始描述？還是從某人說的某句話開始？從某個強烈的情緒開始？或是以回顧的方式來寫屬於你的故事，希望當時多知道一些就好？

說一個自己的故事，只是為了幫助我們跟更多的經驗相連，更深刻地與自己相連，接回更多「不能說的自己」，好活得更自在、更有自信。這能幫助我們展開對自己最有利的思考與判斷，進一步慢慢地展開與他人進行非暴力溝通的能力，所以這是一個很重要且不可省略的步驟。

如果你希望對自己展開深層的理解，想往自己內在進行更多的探險，不妨以底下幾個標籤進行思索，看看自己的經驗裡有沒有符合的故事。如果有的話，不妨寫幾個出來。寫得越多，會越靠近自己生命的重要議題，越能看到反覆出現在自己身上的模式，也更能看到言語暴力在你身上造成的獨特傷口。

- **對當時的情緒印象深刻：**你的記憶裡有印象深刻且情緒強烈的故事嗎？

- **很少說給人聽**：不知道為什麼，很少有機會說這個故事，或是僅限於非常少數的人才聽過。你幾乎不曾說出口，也不曾寫下來的故事。
- **包含言語暴力**：這個故事裡的言語暴力可能是別人對你說的，也可能是你對自己說的，更可能是大家都這麼說的。如果對你而言也是清晰的，那麼這個故事可能就很值得花點時間仔細寫寫。
- **影響之後的個性或做事方式**：這個故事裡的經驗，可能帶給你一些未曾有過的想法，並從此影響你的思考或觀點。如果有這麼一個故事，也很值得拿出來整理。

如果你能想起任何符合上述四個標籤的故事，都可以試著寫下來。但如果你想起同時符合四者的故事，通常這會是一個日後反覆書寫的深刻故事。這很正常的，因為它通常影響很深，很難透過僅僅一次的書寫，就清楚自己究竟怎麼理解這件事。在書寫的過程間，可能會逐漸浮現一些過去遺忘的記憶片段，對這個故事有不同的理解；也可能會對故事裡的人有不同的想法、情緒或不同的看見。請允許這些不同且可能互相矛盾的情緒與感受流過筆尖，不加批判地將它書寫、保留下來。真誠面對每一個片刻的自己，是我們能為自己獻上的最好禮物，也是跟自己連結的最好方式。

能夠書寫的故事很多，如果你對於跟自己連結比較沒有興趣，或許可以參考下面的練習，寫一篇跟別人連結的小文章。你不需要跟別人分享，一切以自己的速度走。讓你自己感覺安全與舒適是最重要的。

願每顆受到言語暴力所傷，已然殘破且難以描述自己的心，都能逐漸找到一個方法述說自己的故事、療癒自己。

寫一封關於愛的小信

我們內心時常有許多糾結：還沒說出口以前，擔憂可能會遭遇的言語暴力；說出口而遭受言語暴力後，又不知道怎麼回應，只好再以暴力回應，任由別人的心摔落一地。於是，我們總是難以好好坦然地以語言表達自己的內心情感。我們總是覺得「說這些幹嘛，他本來就知道了嘛！」「不說這些他應該也知道吧！」「說這個亂肉麻的，一定要說出來才能溝通嗎？我們以前也都沒有說啊！」

這樣的習慣，讓我們總是拙於「連結」彼此。不知道如何交出自己的真實心意，也不知道如何承接對方的心意。於是，手足無措的我們總是在不經意之間活成了孤島。其實我們可以不用如此。這個練習透過書寫，讓我們能安全地嘗試連接彼此，好好表達。願每顆總是羞赧低頭猛做的樸實之心，偶爾能抬起頭來好好談談那些微不足道的小事，讓我們好好地愛、好好地連結。

◉做法：

一、**試著想一件你想提卻一直沒有機會提的「愛的小事」**。無論是小時候下雨天媽媽幫你送來學校的彩色筆、早上起床時幫你準備好的愛心便當、多塞給你的一百塊零用錢，或是爸爸總是邊念邊擔心你無法準時上學、陪你一起玩遊戲到吹鬍子瞪眼睛、牽著你的大手上長著粗粗的繭、總是將全家人的照片塞在錢包裡。很小很小的事就好，小到不提好像也沒什麼，但提了好像能坦然。

二、**試著當作這是最後一次有機會好好地說這件愛的小事**。人生有很多時候，我們總是忍不住抱持鴕鳥心態，不想好好面對，想用盡全力地逃。正是這一個個小小的「反正不說也無妨」「說了也不會怎樣」「不說也不會怎樣」，成為關係裡凝結著的遺憾。生命裡各種大大小小的意外殺個我們措手不及時，往往會遺憾「要是早知道」「如果當初我能有機會好好地說該多好」。試著擺脫「不說也無妨」，去想「這是最後機會的話，我怎麼說」。

三、**如果現在就是那個早知道的機會，你想怎麼表達感謝跟愛？**面對各種突如其來的意外時，我承受不了一直想著「假使早知道」的遺憾。所以即便常常以為寫作跟傳遞心意很難，我總是逼迫自己「縱使是很小的事也無妨」，必須一點一點地愛、一點一滴地感謝、一絲一毫地傾訴，也一步一步地將彼此之間的連結編織得更加綿密。存在主義治療大師歐文亞隆在《凝視太陽》裡，描述死亡是一件我們都非常恐懼的事，然而，直視死亡卻總是能幫助我們獲得在此生、此刻必須積極以對的力量。讓我們試著向對方說出：「謝謝你以這樣的方式愛著我，謝謝這件微不足道的小事，謝謝你。」

3-2 關上暴力的耳朵

「我們應注意推敲我們的語言和我們的意識，剔除它們中能激起反對、分歧和分離的部分，清理它們中『可能被聽做』評判、解讀、責備、批評、偏見、陳腔濫調、較量或比較的部分。因為經驗告訴我們，如果他人把我們說的話聽做評判、批評、責備或對他的成見的話，他將不會再聽我們說話，他會堵上耳朵——有時候非常禮貌地——並準備他的反駁和狡辯。他不會關心我們的感受，他在準備自衛或反擊。」——《醒醒吧，老好人！》，頁七三。

要學習非暴力溝通，要從非暴力聆聽開始。

有次我在家裡躺著，結果先生在旁邊說了一句：「家裡地板好髒喔！」我馬上陷入「一定是嫌我沒把家裡打掃乾淨」「你覺得我太懶惰」的自責情緒。以前的我大概會就此沮喪並陷入自我譴責，或是馬上反擊。但現在的我，學會在這一切發生以前展開非暴力溝通，試著有意識地打斷這個連鎖反應。

我試著好奇：「你說的家裡地板好髒，是責怪我都沒有把家裡打掃乾淨嗎？」先生馬上表示：「不是這樣的，我只是描述。這件事我也有責任啊！我也沒有打掃不是嗎？我是在說，我覺得我應該要打掃了。」於是這個對話在非暴力溝通的澄清下，沒有變成常常發生的互相指責，覺得彼此跳針。

這樣的情況在非暴力溝通裡有一個名詞，稱為「暴力的耳朵」。

要是對方說的話完全沒有言語暴力的意圖，卻因我們採用暴力的耳朵而聽成攻擊呢？通常後續能做的選擇便很有限。包含：對他人還擊，爭奪權力（認為都是對方的錯導致我的錯）；譴責自己，吸收內化外界的言語暴力（都是我的錯、都是我的問題）；推卸責任，否認、淡化這件事的嚴重性；將責任推到別人身上。

同時，我們必然誤解了對方，也聽不到對方原本只是想描述情況、開啟話題、述說自己的事。這樣的關係想必無法順利展開、岌岌可危，而一直停留在疏離又陌生的狀態。

假使你與我一樣，非常厭煩這樣的場景，想展開真實的關係與溝通。那麼，我們需要先留意自己的耳朵究竟是「暴力的耳朵」或是「非暴力的耳朵」。

「暴力的耳朵」源自於浸泡在嚴重言語暴力的環境裡，習慣別人說的話一定是言語暴力、習慣把非暴力的語言聽成對自己的攻擊、習慣收下這些攻擊再自我譴責，或是準備快速反擊。但「非暴力的耳朵」卻能在聆聽的時候，總是將重點放在「對方發生了什麼事」或是「自己發生了什麼事」。也就是聽到一句話的時候，不跳入對立、攻擊與逃跑，而是將它當成線索：「對方發生了什麼事嗎？」「對方有什麼情緒嗎？」「對方有什麼需求嗎？」「我自己身上發生了什麼事？」「我正經歷著什麼情緒嗎？」「這騷動的情緒，正提示著我還有什麼需求沒獲得滿足嗎？」

所以當先生說了「家裡地板好髒喔」，我當下聽成「指責我沒把家裡打掃乾淨」，然後我提醒自己：這是暴力的耳朵，我需要慢下來，於是提出詢問並得到先生的澄清。這一切讓我能夠不需要攻擊他，也不自我譴責，去理解他那句話的真實意義，而不是讓自己被「暴力的耳朵」攫住。

說話的人可以盡可能留意使用非暴力的語言，避免勾起創傷；聽話的人可以盡可能留意自己是否正使用著「暴力的耳朵」，將每一句話都聽成指責或攻擊，失去聆聽對方真實心意、展開真實交流的機會。這不是一件容易的事。每個長年遭受言語暴力的人都一定有一套自己的「快速反應系統」，以便馬上展開自我保護，避免更進一步可能遭受的傷害，

但是，過去傷害你的那個人，可能已經不是眼前這個人了，那個過度敏感的耳朵也可以放鬆了。所以給自己一個機會，試著以「非暴力的耳朵」轉換聽話的頻道；試著不因聽話馬上激發緊張、焦慮跟攻擊的衝動，而是透過語言展開一種新的可能性，展開連結，無論這個連結是跟自己連結，或是跟對方連結。

你們的對話不再是一人說：「家裡地板好髒喔！」一人回：「就只知道嫌，你又做了什麼，不要只出一張嘴。」；而是一人提出：「家裡地板好髒喔！」一人提問：「你希望我們一起做點什麼改變這件事嗎？」

曾遭受傷害的經驗，會讓我們無法聽到善意的對話，甚至會將它聽成攻擊，導

致我們總是積極防衛，卻沒有機會靠近對方的真心，建立好關係，也沒有機會了解自己究竟怎麼了。幫你的耳朵按下慢速播放鍵，留意聽話的耳朵究竟是「暴力的耳朵」或「非暴力的耳朵」，好讓我們能順利展開一場「非暴力溝通」。

當我們踏入非暴力溝通時，有以下四個重要的步驟。以下將分別詳細解說：

一、觀察而非評價。

二、情緒而非詮釋。

三、需求而非策略。

四、請求而非要求。

願每顆受言語暴力所傷且總是只能聽到攻擊的心，都能覺察自己聆聽的耳朵，放下那些被攻擊的習慣，讓每句話以它本來的樣子被聽見，也允許自己能對自己跟彼此好奇。

3-3 非暴力溝通步驟一，觀察而非評價

「觀察——我看到或聽到了什麼？我的依據是什麼？而不是評價——如何評價此事？」——《狼的溝通，長頸鹿的溝通》，頁七四。

「觀察」指的是，我知道自己看到的只是我的觀察，而不是真理或唯一真相，但我試著提出自己看到或聽到的事。非暴力溝通會透過提出具體的事，並在知道這可能只是自己的觀察且不代表全貌，來開啟一段有焦點的對話。

為了幫助我們能掌握「觀察」的精神，我們需要理解這三個重點：

一、我的觀察不等於是事實。

二、檢核事實，討論自己的小劇場。

三、核對不該是壓迫，而是示弱。

我的觀察不等於是事實

你曾經看過這個廣告嗎？媽媽來接孩子放學，結果小朋友姍姍來遲，而且上衣跟褲子還髒兮兮、沾滿泥土。小朋友看來一臉欣喜，媽媽則是怒火中燒。正準備要開罵，結果插入一段側錄影片，說明孩子怎麼弄髒了自己的衣服。

準備快步到門口找媽媽的孩子，半途上看到老工友用小三輪車扛著許多東西要移動，顯然因為很吃力而跌倒了，孩子義不容辭地衝上前去攙扶、搬東西、讓他能順利回到工作上，但也在這個時候不小心弄髒了衣服。

反覆試了許多組不同親子，看著這些影片的媽媽們原先都有點憤怒，但得知孩子都是為了停下來幫助老工友，原先的滿腔怒火卻化作烏有。有些媽媽感動得哭了，有些媽媽笑著擁抱自己的孩子，緩緩地跟孩子說：「弄髒了沒關係，你做得很好。」

為什麼這些媽媽一開始會火冒三丈，後來卻感動落淚呢？因為她們發現「自己看到的並不是全部」。

秉持著非暴力溝通精神說話的人，也會記得這點。因此在發話時拉住自己，避免驟下判斷，並避免自己的語言裡有判斷、評價的語氣。假使我們說話是為了溝通，那麼需要為彼此準備好一個友善的空間，幫助對方在感覺舒服自在的氛圍內說話，而不是陷入需要自我保護的狀態裡，不願意與我們展開真誠的溝通。

所以說話時，很重要的第一句話是說出「觀察」，也就是剔除判斷與評價的描述，只將重點放在自己看到及聽到的東西。

人類的人腦非常擅長判斷，因為這是人類能快速學習、在未知中活下來的重要能力。當一個聲音響起，我們會馬上判斷這是什麼東西發出來的，速度快到覺察不了。一旦下了判斷，我們通常沒有機會回頭檢視是否正確。所以也曾發生鄰居誤將貓叫聲當嬰兒哭聲而通報兒虐，認為家長疏忽照料。積極作為、幫助受虐的孩子是很重要的義舉，然而詳加確認，能避免我們在關係中一直誤會彼此。

人類大腦的判斷如此強悍，不僅僅是聽覺，視覺也是如此。當我們看到一個狀況也會馬上判斷誰對誰錯、誰好誰壞。網路上流傳一張「電視給你看的」跟「電視框以外的真相」圖示，時常能展現對跟錯其實是受到「視框」所固定的。假使只給你看框框內的影像，你可能會自己判斷誰是好人、誰是壞人。假使框拉得大一點，我們卻能發現好壞跟原本想像完全不一樣。

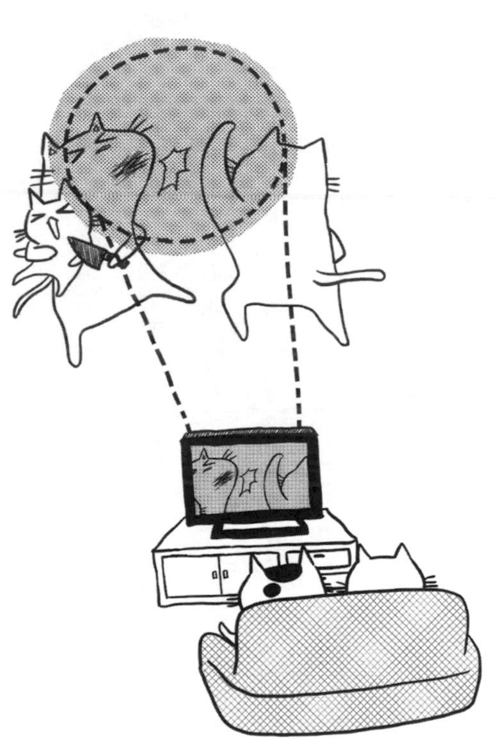

練習五

哪些是事實？哪些是事實以外的東西？

在言語暴力的情境下長大，觀察事實的能力通常會受到損害。我們很容易受到自己過去的創傷影響，視野變得非常局限、思考比較僵化，不容易看到不同的可能性、不同的做法或選擇，而只能複製言語暴力。也就是驟下結論、驟下判斷、以自己的經驗揣度他人、否認或不尊重他人的表達權力。所以，為了讓我們的創傷屬於自己、回到自己的內在，也讓彼此更對焦在關係而非彼此的創傷裡，在說話時需要做的第一件事情就是：區分「事實」跟其他非事實的東西。

人類是非常擅長說故事的物種。假使對自己說了某些故事，只要說得夠久，自己也可能將這些故事當成「事實」。在司法心理學與認知心理學裡，人類認知的事實其實是有很大的偏誤空間，包含可以植入虛假的記憶、謊言、自我欺騙、誤認、歧視等等內容（如果對這些有興趣，可以查閱司法心理學或是認知心理學裡有關指認錯誤、認知偏誤的篇章）。

所以，我們在對話時的確需要回到「事實」，才能進行重要的事實確認。確認彼此對話的基礎一致，而非還沒開始就彼此誤解得一蹋糊塗。以下這個練習，邀請你試著區分事實，以及事實之外的東西。

想像一下，如果你是一名律師、檢察官或法官，下列哪些句子是「事實」，哪些是還需要進一步釐清的「判斷」？

◎透過監視錄影器畫面，能看到嫌犯於凌晨兩點十三分侵入他人住宅。

◎我告訴你，王小明就是兇手，相信我一定沒錯。

◎我注意到你已經連續三天晚上十一點才回家。

◎你不在乎這個家，才總是這麼晚回家！

◎你這次的成績是五十八分，上次是五十五分、前一次是五十七分。

◎你就是個沒有用的孩子，怎樣都考不及格！

◎你永遠都沒辦法及格啦，還不如花一點時間準備別的事。

◎今天的氣溫是三十六度。

如果你對事實的認同跟我接近，或許會發現這些句子裡許多都夾雜了個人的主觀判斷，在人際互動時特別容易引發爭執。因為對話雙方可能懷抱著不同的判斷標準，而讓對話無法順利進展。為了避免這樣的問題，如果能在對話時，從「客觀事實」切入，就能幫助對話比較順利地進行。也因此，我們需要留意對話中是否參雜了「個人主觀的判斷」，並試著培養暫時懸置判斷或允許討論的能力，而非在對話前，就預設自己的判斷必然正確無誤。才不會無法展開對話，又容易變成權力的施展與壓迫。

往後退一步，溝通更和平

在約翰·高曼的《七個讓愛延續的方法》裡，研究分析了許多伴侶的對話，然後逐漸能從他們十五分鐘的對話裡，預測這段關係是否會在三年內結束。經過追蹤，準確度高達九一%。

他們的第一個預測標的就是溝通時尖銳地開場，也就是話中帶刺、聲音尖銳、充滿諷刺或評價性的語言。假使想開啟對話的一方以這樣的方式說話，通常會以失敗收場。因為這對聽話的一方來說，像是感覺自己被偷襲，因而打開自己的防衛，被迫進入反擊、自我譴責的狀態。

所以，為了幫助我們開啟友善的溝通，要盡可能中性地展開對話，讓對方知道我們只是說個人所見、好奇對方。保留空間給對方坦露自己、分享自己的經驗，而不把整個空間占滿，讓對方只剩接受、不接受或轉身離開的選項。

不是「你搞什麼飛機？把衣服弄得這麼髒！你就嫌老媽子我太閒對吧！」而是

「我注意到你衣服上有許多泥土，發生什麼事了嗎？」非暴力溝通的第一個步驟：觀察，就是一個這樣退後的心理歷程。

這個步驟幫助我們從言語暴力的習慣裡退後，也就是從侵犯他人發言權力的習慣裡退後，進而明白自己的觀點只是「一個觀點」。我們可能會犯錯、我們可能知道的沒有那麼多、我們可能會判斷錯誤，所以試著透過溝通，尊重地開啟一段對話，好奇對方身上發生了什麼事。這樣的對話，能讓我們看到屬於另外一個獨立個體的判斷、思考歷程，也能幫助我們更認識對方。

如果不是為了瞭解對方，沒有必要溝通。為了展開一場善意的對話，我們需要拉住自己，從觀察開始，只描述自己看到與聽到的事，不添加個人的評價或批判。也要留意是否為了控制對方而進行資料蒐集，或出於宣洩情緒而恣意羞辱對方。

檢核事實，討論自己的小劇場

情侶間的擔心懷疑，常常會變成：「他一定是跟別人在一起，才不敢接我電話。」「早就知道他最近跟我相處得沒有很好，一定是早就有新歡了！」「還跟我說今天很忙，其實根本就不是真的，一定是約會去了。」或是明明擔憂對方安全，卻變成焦躁煩躁：「這時候他應該可以接電話啊，沒接是不是發生了什麼意外？」「我該怎麼確認他的安全？」「萬一他發生了什麼事，會聯絡我嗎？」

帶著這些自己蓬勃發展的腦內小劇場引發的情緒，通常就算電話最後接通了，口氣也不會太好：「你幹嘛不接電話，去約會吼！」「我還以為你出什麼事了，怎麼不接我電話？」「你害我擔心死了！」「下次不准不接我電話！」「你沒有耳朵嗎？電話響了幹嘛不接？」「討厭我就說一聲，幹嘛不接我電話？」電話另一端的人可能被轟得莫名其妙。

人與人相處，總是難免有許多時候會互相猜疑。或像情侶間總是一通電話沒接，就開始想像是否發生了什麼事情。許多內在的不安全感，就會開始召喚從小接觸的各種光怪陸離故事、各種危言聳聽的恐怖傳說，再投射出各種可能性，各種擔憂、恐懼、害怕與懷疑。

在這種情況下，如何拿出小劇場來檢核事實，其實是非常重要的事情，也就是能坦白地告訴對方：「剛剛電話沒接通的時候，其實我想了很多。都是我自己心裡的小劇場啦，像是……跟……讓我很擔心。我想那是因為我很在乎跟你的關係／你的安全。」但因為我們多半沒有勇氣這樣做，所以更容易在溝通時受到小劇場的影響，演變成：「其實他應該是……，只是假裝……，所以我要回應……才能測試出他怎麼想。」然後彼此就越離越遠。

被測試者丈二金剛摸不著頭腦，而測試者只是想驗證內心的懷疑，而忘了總還是有各種其他的可能性：忘記帶手機出門、手機在隔壁房間、手機關靜音忘了轉回來、剛好被長官罵不方便接電話、去洗澡了沒聽到、今天心情不好需要一個人的時間、剛好在安慰失戀的朋友、睡死了沒聽到手機響。

懷疑，像滴進水裡的墨，總是會無限擴散。但拿出腦內的小劇場來澄清與核對，能幫助停損。

被懷疑不舒服，懷疑別人其實也很痛苦。在「面子」與「可能犯錯」之前，不妨選擇「相信關係」，直接搬出內在演得如火如荼的小劇場，說給對方聽。通常說著說著自己會先笑起來，因為也知道這邏輯怪怪的。但我們時常被電視媒體餵養了許多可怕的事實，讓我們難以區分「發生在自己身上的事實」跟「自己的小劇場」。但這麼拿出來說明以後，被懷疑者才有機會澄清，懷疑者才有機會放下，明白自己的小劇場不一定是事實。

願我們總能安撫自己的情緒，試著與彼此核對。

核對不該是壓迫，而是示弱

日常溝通時，我們時常濫用「權力」，試圖將各種對話導向逼迫彼此噤聲，例如「我懂你不懂」「我會你不會」「你沒資格討論這件事」「聽你說話簡直是浪費我的時間」「就是你讓我這麼不舒服的，你還敢說什麼」「你不聽我的，我們就分開」。

非暴力溝通的核心是平等交換意見，也就是「我有的權力，你也有」。不管對方是小孩、大人、女人、男人、跨性別者、同志、身心障礙者。這樣一想，其實就能明白日常生活有多少對話其實既不平等又不交換。爸媽說的話可能是單向命令跟擔憂變成的情緒勒索；我們對孩子說的話也可能是為了控制局勢、減少自己體力消耗的單向指示跟要求服從；職場的上司對我們說的話可能是各種指派、命令、要求，其實也不見得想知道我們遭遇的困難。

我們身處於大量單向暴力的語言裡，難以覺察。所以，當腦內有蓬勃發展的小劇場，「核對」便是一件重要的事情，能幫助彼此平等交換意見。但核對小劇場不應該是情緒勒索的壓迫，而是示弱。讓對方明白自己的狀態，也知道這不是對方的責任，但自己確實很困擾，希望對方能提供幫助。

與其說「我今天會這樣都是你的責任」，增強對對方的控制，把自己的情緒都拋給對方承受，要對方必須修改自己的行動；不如說「我知道自己想的有可能都是錯的，只是我遭遇到自己難以排解的情緒，且很困擾，不知道你有沒有辦法給我一點幫助？」

但我們太常濫用權力，使用暴力語言逼迫對方服從。所以總是忘記示弱的可能性，只記得用更大的拳頭、更狠的話、更決裂的語言、更多的情緒勒索來壓迫彼此，忘了「你是一個人，我也是一個人」，而「我有的權力，你也一樣都有」。

這一切太痛了，讓我們只想馬上解緩痛苦。再加上對方可能無法想出有效的幫助方法、可能時常讓我們失望，讓我們覺得還是暴力語言比較好用。然而非暴力的語言能夠幫助我們認領回屬於自己的小劇場、情緒、感受，也幫助我們不濫用權力、不侵犯對話對象的權力。

暴力的語言期待更多的控制與服從；非暴力的語言期待更多平等與多元尊重。我們使用的語言，反映著我們正參與形塑的世界。我們期待世界是一個更多控制、更多服從、更單一價值的世界？還是一個更平等、更尊重、即便你我不同仍能試著好好共存的世界？

願人們都能活得更有餘裕，對彼此更平等善意。

試著分辨事實，核對腦內的八點檔劇情

很多時候，腦內的八點檔時常阻礙我們發展重要的關係。明明是想更靠近彼此，我卻因為「八點檔恐懼」總是懷疑你；你也因為自己的「八點檔恐懼」，認為我一定會暴怒而預先做好情緒的疏離。於是我看你更像賊、你看我更恐怖，本來想靠近的彼此，卻只能拔刀相向。

但我們不需要這樣，只要能有勇氣傾訴彼此腦內的八點檔劇情，通常會發現雙方內心有大量荒唐的故事。但我們的關係並不像八點檔，一切都可以度過的。如果你發現自己時常在關係中感覺焦慮，以下或許是一個可以試著做做看的練習。

◉ 做法：

假設你非常焦慮與另一半的關係，試著思考以下四個問題，針對你現在的感覺來分辨事實，核對腦內小劇場：

一、關於我目前焦慮的事件裡，有哪些已經知道的事實？

例如：我與另一半遠距交往、另一半沒接電話。

而非：另一半一定是不想接我的電話、另一半就是討厭我了。

二、讓我焦慮或感覺不舒服的事情是什麼？

例如：我不知道另一半去哪裡、無法聯繫上，是否代表關係有什麼狀況？

而非：另一半就是蓄意欺騙、不接電話的騙子。

三、讓我更容易緊張跟焦慮的想像或是八點檔劇情是什麼？

例如：另一半是否在跟別人約會、是否出了意外、是否對關係不滿卻不說。

而非：我一定是沒有吸引力跟魅力的人，另一半不要我了。

四、我能怎麼不帶攻擊地將自己的八點檔說給對方聽？

例如：「我想告訴你，無法與你聯絡的時候，我腦內上演著一部八點檔。這不是要指責你，只是想表達自己的狀態給你瞭解。劇情演著……」

而非：「你要是不喜歡我就直說，不想接電話我們可以分手……」

3-4 非暴力溝通步驟二，情緒而非詮釋

「只要我們將我們的感受歸咎於對方，我們就可以推卸責任；只要把打開我們的幸福（或不幸）之門的鑰匙交給對方，我們就自己掉進了陷阱。」——《醒醒吧，老好人！》，頁六七。

非暴力溝通中的第二個步驟稱為「感受」，指的是提出個人內在經驗到的「情緒」，而非認知、價值觀、評價，或假情緒真控訴。透過展露私人情緒，讓彼此在關係內示弱，顯露出身為一個人的狀態，而非停留在無堅不摧、彼此控制的狀態。

然而在華人社會裡，「感受（情緒）」這個詞的定義非常混淆，需要在這個部分進行釐清。

包裝在「我感覺」之下的妖魔鬼怪

非暴力溝通的第二個原則，通常會稱為「感受」。然而這個概念非常容易引起誤解，所以我多半傾向鼓勵大家直接指認「情緒」會更加精確。理由是受限於華人使用語言的習慣，我們實在太常使用以「我感覺……」開頭的句子，頻繁到我們幾乎很難意識到自己試圖描述的感受，多半來自於他人，而不是自己。

「我感覺被（你）冷落」「我感覺不受（你）重視」「我（因為你）感覺委屈」「我感覺被（你）情緒勒索」「我感覺被（你）瞧不起」「我覺得（他）一定沒把我放在眼裡」「我覺得（他）不在乎我」……

我們在語言上，就時常把「感受」跟「屬於自己的情緒」混為一談。上述這些語句不僅僅暗示著這些情緒跟對方有關，同時暗示是對方造成我的情緒，應該要為此負責。常常使用這樣的語言時，不難想見一方面更遠離自己真實的情緒，也遠離了自己真實的力量。

「我感覺……」這個中文發語詞翻譯成英文是「I feel……」。以此開頭，在英文裡會接下去的就是情緒詞彙，在中文裡卻是一個無所不包的垃圾桶，可以銜接的東西非常多，包含：

- **「我感覺受傷了」「我感覺被冷落了」「我感覺不被在乎」**

這看起來像情緒的東西，其實並不是真的情緒，只是包裝成情緒的「控訴」：我控訴你讓我受傷，我控訴你冷落我，我控訴你不在乎我。換句話說，就是我要求你為我的情緒負責任，但具體的情緒是什麼，其實沒有說清楚。反正就是要你改變自己的行動，不要讓我經驗到那個情緒。

包裝成情緒的控訴，很多都通往情感勒索。這也是言語暴力的一種。

- **「我感覺他這樣做一點道理都沒有」「我感覺這件事這麼做不合理」「我感覺他這樣做對〇〇〇不公平」**

這類型的語言雖然也是以「我感覺……」開頭，但後面的句子其實跟情緒沒有什麼關聯，而是「價值觀」。這一組句子假使正面表述，會成為「我的價值觀是……所以我認為他這樣做不合理，對〇〇〇不公平。」但我們通常很少這麼正面表述，而時常讓它隱藏在「感受」裡。

包裝成感受的價值觀，是我們還沒有勇氣正面捍衛的價值觀。

- **「我感覺不想做」「我感覺不想動」「我感覺不想配合」**

這組類型的句子雖然一樣是以「我感覺……」開頭，但後面具體想表達的事情是「行動」。假使我們試著正面表述，大概會成為：「抱歉，我現在不想做。」「我現在身體很疲累，不想移動。」「基於……我無法配合。」

無法正面拒絕的互動，驗證著充斥言語暴力的情境或過去經驗。

- **「我感覺很生氣，你不要再說了」「我感覺想哭了，你到底想怎樣」**

這組語言不好分辨。並不是這樣開頭就必然與情緒無關，然而細緻分辨的話，時常可以發現，與其說它是情緒，不如說是「工具」。有點像是媽媽只要一動怒，小孩就只能聽話；女朋友只要一哭，男朋友就只能順從；孩子只要一委屈跺腳，爸媽就必須馬上安撫。更準確地說，這是一種工具性的情緒，是我們用來控制局勢的武器，但它不是真的情緒。

工具性的情緒用得越多，就會越遠離自己真實的情緒。就像總是利用生氣讓男朋友來安撫自己，就沒有機會面對「生氣」並不是自己真正的情緒。藏在生氣底層的，也許是對關係的挫折、對關係的無助、對自己的失望、對事情不如預期的沮喪、對努力沒有用的憂鬱。重新指認這些情緒，能幫助我們好好地靠近自己，而不只是陷在「我用情緒控制你／我不想被你的情緒控制」的狀態裡。

- **「我感覺你冷落我」「我感覺你說的話讓我不舒服」**

聽到這種類型的句子時，是否會馬上感覺到自己被指責了？如果有，你也是那種「叫姐姐，不要叫阿姨，人家會難過」的言語暴力受害者。從小受到這樣類型的語言影響，認為自己要負責別人的情緒，並不是合理的情緒界限。阿姨的情緒要她自己面對跟處理，怎麼可能是一個小孩子就能傷害的？阿姨總有一天也要面對自己就是阿姨的事實（by身為阿姨多年的我）。

你可以陪伴支持，但別人的情緒不是你的責任。要區分別人的情緒裡有沒有我們的責任，是一個細緻的權力區辨過程，不是三言兩語就可以辨得出來的。簡單地說，假使我們已經確定自己使用著非暴力溝通的語言，那麼對方的情緒就是「對方的責任」。我們能成為善意的支持，幫助對方整理自己，而不是轉身離開。

在展開真正的非暴力溝通以前，我們需要仔細地分辨自己想描述的情緒究竟是不是「真．情緒」，還是上述這些假裝成情緒的價值觀、行動、控訴、以及總是將別人的情緒往自己的身上攬的想法。

這樣的語言，時常讓我們在關係內搶著當受害者，也暗示著對方是加害者。因此，這個彼此情緒勒索的關係，自然沒完沒了。我說一切都是你害的，你也說一切都是我搞的。我們害來害去，有時候不計較，有時候計較；有時候一樣多，有時候你多我少，然後彼此永遠都覺得不公平，覺得自己一直受害、非常委屈。

擺脫受害者思維，重回平等關係

為了不要再當受害者，需要使用更準確描述情緒的語言、知道如何分辨自己的「感受」是不是自己的「情緒」。

簡單分辨兩者的語言邏輯是：**情緒是人人生來就有的，而不是別人造成的。**例如：我感覺生氣、悲傷、委屈、無奈、沮喪、挫折、痛苦、憤怒等等。情緒是人人都有的感受，卻也是自己獨一無二的反應，但面對同樣的情境，大家的情緒不見得相同。

相對於：我感覺被冷落、被無視、被瞧不起、沒被放在眼裡、不被在乎等等。這些說法雖然也都在描述中隱含著情緒，卻同時包含「對方應該為此負責」跟「我對此無能為力」，其實是會推開自己力量的語言。

仔細觀察一下我們日常使用的語言，多常使用「把力量推開」的方式描述感受？

停留在受害者的位置上不是一件壞事，只是它時常讓我們遠離自己的力量。用這樣的方式描述，會加強「我們是受害者」的情緒，也會合理化對自己的無能為力，同時無法為了這件事積極採取行動，保護自己或是反擊對方，只能停留在受害者的位置上。這樣的語言，只會讓彼此的平等關係變成「加害者／被害者」「提供者／接受者」「背信者／誠信者」「有能者／無能者」。

有些時候，我們確實是無能為力的，連保護自己都不行。於是，我們學會一直使用這些語言來描述自己經驗的各種關係。無論在這些關係裡，我們是否真的無能為力，因為我們誤以為只有這種方法能描述自己的一切經驗。

讓我們從準確描述自己的情緒開始，試著不使用那些被動式、不隱含別人應該負責的語言，僅僅描述自己經驗到的情緒、屬於自己的情緒、那些不是別人應該負責的情緒。這是一個很難的練習，但也是一個關於拿回自己力量的練習。

使用這樣的描述，一開始會很不愉快。因為我們習慣怪罪、卸責給別人；畢竟我們還是喜歡受害者的位置。處在這個位置讓我們感覺自己有權力指責別人，也讓我們感覺能為自己發聲，以受害者的姿態控訴：「怎麼可以放過對方！」「他怎麼可以不負責！」「這不合理！」等等。

然而，使用精確描述情緒的語言，能幫助我們從被害者移動到平等互動的成人關係、能幫助自己感覺到不需要一直委屈自己、能照顧自己的情緒、能決定自己要受到多大程度的影響或干擾、能更平等地彼此相愛跟互動。

你描述的感受，是你的「感受」嗎？還是包裝成感受的「控訴」呢？你會想試試看透過「語言」拿回自己的能力嗎？還是比較偏好「受害者」的語言呢？

要平等地互動，需要從平等的語言開始。願我們都能透過語言自我療癒，也療癒彼此。

整理你的情緒辭典

為了找回自己的力量，需要學會表達情緒，而其中很重要的核心就是：你有多少關於「情緒」的詞彙？每個人能想得到的情緒詞彙量其實差異非常大，通常會取決於你的工作多麼需要與他人互動，而產生非常懸殊的差距。通常越少跟人互動，情緒的詞彙往往越少。但是我們所擁有的情緒詞彙，會決定遭遇到情緒時的描述力。如果缺乏足夠的情緒詞彙，會處於「受著某種苦卻說不清楚」的狀態。

這個練習能協助我們找到正確的描述，安頓內在的同時也更了解自己，擁有更好的心理健康。

◉做法：

一、請準備一盒空白名片，約五十至一百張。

二、如果有什麼能幫助自己放鬆的香氛，可以利用它來讓你放鬆跟感覺安心。

三、簡單地深呼吸幾次，幫助自己更放鬆跟安心。因為整理情緒相關的詞彙，有時候會勾出私密的情緒跟記憶，所以幫助你自己在一開始能充分擁有安全感，是很重要的。

四、在名片紙上寫下所有你想到的情緒詞彙。注意一張名片只寫一個詞。

五、如果有夥伴願意一起做這個練習會比較有趣，能一起想出更多的詞彙，建立屬於你們的「情緒辭典」。

六、若有困難時，可參考本書附錄的〈情緒需求表〉。

令人疑惑的情緒語言

非暴力溝通裡的四要件分別是「觀察（事實）」「感受（情緒）」「表達需求」跟「提出請求」，但華人時常無法區分「情緒」究竟是什麼。乍聽之下很難懂，但從過去到現在的演講跟課程裡，我在邀請大家指認情緒的時候，大家很常搞不清楚「情緒」是什麼，喜怒哀樂以外還有什麼情緒相關的詞彙？冷落、背叛、孤立、腦殘之類的，到底是不是情緒？血拚、爽、買爆、嗆爆，又到底是情緒還是行動？

傳統上，情緒是要靠個人修為擺平的，在華人「修身、齊家、治國、平天下」的文化傳統裡，情緒是要靠個人努力修為才能妥善駕馭的東西。目標在於「發乎情，止乎禮」，由內在真實的感受跟情緒出發，但表現的時候不要冒犯或侵犯到別人的權益。這是許多傳統華人們日復一日自我修練，兢兢業業努力著的事。

然而因為無法具體看見內在修為，至今演變成止乎禮的詐欺遊戲，也讓我們就此背離了自己的情緒。精細而巧妙地控制壓抑、切割情緒，好讓外在表現上面面俱到，卻缺乏了對自己內在情感的理解。再受到傳統文化中，自我修行的士人敏感於自己的內心，更敏感於萬事萬物，因而有各種「賦比興」。他們認為透過描寫外在事物，就已經能充分表達內在情緒，因此也沒有必要具體敘述「明月幾時有，把酒問青天」裡，到底是哀愁或暢快。

環境中長期壓抑情緒表達的各種言語暴力，以及不曾因自己的情緒而被溫暖接納，讓我們更害怕展露出來。有情緒就代表自己沒修養、沒禮貌、丟臉。這讓我們一來沒有情緒詞彙、二來有情緒枷鎖、三來有外在暴力。要指認自己究竟經驗著什麼情緒，彷彿要求自己在眾人面前裸奔，這太難了，沒有勇氣實在不可能做到。

暢銷書作家布芮尼．布朗在《勇氣的力量》裡提及，要能袒露情緒、示弱與包容脆弱，其實很需要他人的示範。如果你的生命裡，不曾有人為你示範如何表達自己的情緒、如何接納脆弱且難以言說的處境、如何善待自己與彼此，是很難學會這一切的。

你準備好辨識清楚自己的情緒，並且好好地說給別人聽了嗎？請試著思考以下幾題你會怎麼回答：

- 提到情緒的時候，馬上閃過腦海的句子是？
- 當我有情緒，能試著指認出這是什麼情緒嗎？
- 我的情緒時常超過我能描述的「情緒詞彙」嗎？
- 我有曾經跟人描述自己情緒的正向經驗嗎？
- 我曾經跟人描述自己的情緒，卻得到很糟糕的回饋嗎？
- 這樣的經驗會讓我擔心之後跟人描述情緒嗎？
- 我身邊曾經有這樣的勇者，為我示範怎麼勇敢表達情緒嗎？

對華人而言，情緒是一塊最痛的軟肋，很難面對、很難處理，又很難迴避。切割了，通常也會隨之切割掉所有喜樂；無法直視的情緒，往往又會演變成各種有狀況的行為，如強迫症、成癮、生無可戀、無感、不知道怎麼讓自己快樂或幸福。

雖然直視情緒是條艱困險阻的峭壁之路，但我們能一起面對、一起跨越。

願每顆與傳統智慧斷裂又渴求著自在療癒的心，能有智慧仔細辨析，鼓足勇氣再冒險一次，直視情緒、好好表達。

情緒到底是什麼？

我們習慣捏著自己的情緒，不允許它暴衝；我們習慣調控自己細緻的面部肌肉，無論多麼不開心都不展現在臉上；我們習慣自然地牽引嘴角的肌肉，縱使再不開心都試著展現出社交性的笑容；我們習慣將別人的情緒扛在自己肩上，縱使知道自己被勒索，也相信這是愛。結果情緒面目不清，情緒界限血肉模糊，這一切實在太難了。

要理解情緒到底是什麼，我們需要許多自然情緒流瀉的片刻，那種屬於人這種動物原生的「自然感受」。像是：坐在湖邊長椅上看著朝陽的那種共感、看著春天花苞綻放的那種悸動、吃著夏天冰鎮西瓜的那種清涼、看著秋天楓紅逐漸飄落的那種共鳴、觸摸冬日冰雪或鐵條的感受。

換位思考與非暴力溝通
情緒是……
個人能負責的
每個人都會有
無關道德的
沒有標準的
沒有對象也可以有
要去理解，而不是解決
情緒不是……
價值觀或行動
工具
控訴
別人的不舒服是我的責任

這些自然感受讓我們理解，情緒是每個人都有的，也是不需要依靠別人就可以存在的。而且在感受到自己的情緒以後，我們都能回應情緒之下潛藏的匱乏需求。

總而言之，情緒是：

一、一**種屬於個人內在的感受，而不是控訴**。情緒是「當我無法聯繫上你的時候，感覺緊張又焦慮」，而不是「聯繫不上你讓我感覺被冷落」的控訴。

二、一**種自然共鳴產生的感受，而不是因他人產生**。情緒是「我感覺到自己很擔心、惶恐，不知道是否能繼續信任我們的關係」，而不是「就是因為你……」「我感覺你……」。

三、一**種情感界限健康的成人能自己負責的感受，而不是別人的責任**。是「我感到哀傷，但我能自己涵容這樣的情緒，只是想提出來在關係裡討論。我清楚自己有選擇的自由，超過能負荷的界限時，我能離開剝削自己的關係」，而不是「無論你怎麼對我，我都只能忍受，你不照顧我的情緒，我就會無法承受而死」。

情緒雖然是情感界限健康的成人能自己負責的事，但你不必在一個充滿言語暴力的情境裡承擔起療癒自己的責任。你可以移動，像受傷的動物般尋找一個安全的洞窟好好療傷，試著幫自己找到一個友善的情境，不受到更多的界線侵擾跟傷害、覺察與判斷哪些關係具有傷害性，哪些關係充斥言語暴力，哪些關係對療癒自己不僅沒有幫助還有傷害。這樣你承擔起的責任才會是屬於你自己的責任，而不是一堆別人丟出來卸責的負擔。這樣的你已經很偉大了，因為你也是停下言語暴力的一分子。

情緒是沒有標準答案的。有情緒不代表有問題，更不用擔心你的情緒會讓自己看起來很不堪。有情緒，代表你是一個活生生的人。情緒的背後，是渴望被滿足的各種需要。試著對自己更好一點，也試著對彼此的情緒更好一點。我們能界線清楚地彼此支撐、互相療癒。

願每顆因飽受言語暴力傷害而血肉模糊的心，都能找到屬於自己的療癒群體，獲得支撐去修補自我界限，找回涵容自己情緒的能力。

情緒讓你脆弱，也建立連結

在《為什麼我不敢告訴你我是誰》這本關於溝通的小書裡，將溝通分為五個層次，分別是：無意義的日常對話、傳講他人之事、表達我的想法、表達我的情緒，以及溝通的最高層次。（頁七十三～八十七）

・**無意義的日常對話**：指的是我們時常跟人說的「吃飽沒」「早安」「你好」之類的。其實沒有特別想要跟對方溝通或對

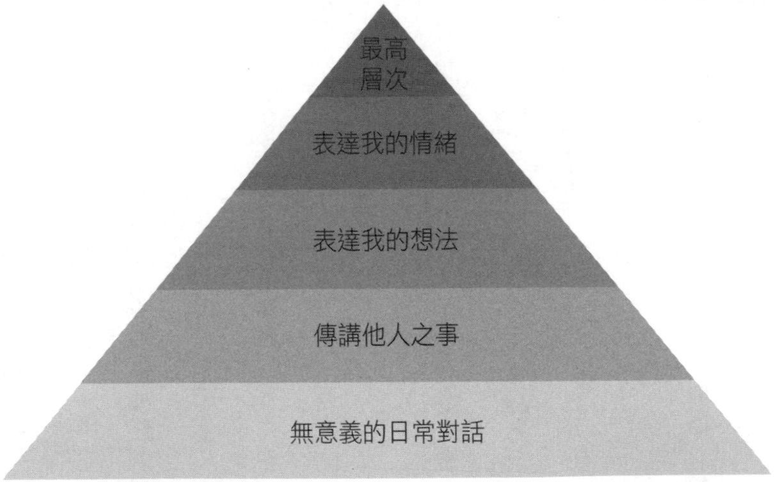

最高層次
表達我的情緒
表達我的想法
傳講他人之事
無意義的日常對話

（原書中未以金字塔圖呈現，此為協助讀者理解而繪製。）

話，但缺一句話來塘塞時間的無意義對話。這樣的語言其實不能算是真的溝通，但表達一種最基本的「我看到你了」，所以被放在溝通的第五層。

・傳講他人之事：指的是我們不談自己的事，言談間說的都是別人的事：今天政商名流又做了什麼、哪個明星做了什麼、哪個街坊鄰居做了什麼。這樣的過程裡我們有對話，確實比「無意義的日常對話」更看到了對方一點，的確有展開對話，但內容既不在「我」身上，也不在「你」身上，也不見得有更認識彼此，是一個資訊交換的過程。

在一個充斥言語暴力的環境裡，我們可能會透過這樣的方式試探彼此。這樣的試探不是正式的溝通，而稱為「曖昧溝通」，揣測彼此的心意究竟是什麼。像是孩子想出櫃，但不知道家人會不會接受，於是先丟一些同志的新聞給父母，看看他們的反應；或是準備從一份很好的工作離職，但害怕開口，於是先丟一些青年創業、轉職的訊息給父母，看看他們的反應是否可以溝通。

這樣的溝通不是真實的溝通，而是間接的溝通。我們並不能確定彼此是否可以正確捕捉對方的意思，也沒有機會彼此澄清錯誤，很可能會招來對彼此的誤解。特別是彼此都懷抱著受創的心靈時，通常這樣溝通製造的問題，會比解決的問題來得多。雖然好好地把話說清楚、澄清誤會，能締造比較穩固的關係。但在一個充滿言語暴力的環境裡，人們不見得能選擇直接溝通的時候，通常會退而求其次，選擇「傳講他人之事」，以求安全談論又能交流最多的訊息。

• **表達我的想法**：再往上一層，需要發話者開始冒險，也就是準備談談自己的想法。這裡頭自然涉及了更多的自我揭露，像是透漏自己的價值偏好、自己的思考邏輯、自己有興趣涉獵的資料等等。有揭露，自然就可能帶來遭受言語暴力的風險。但假使我們有勇氣跨出自己的舒適圈，坦然地跟彼此交流不同的想法，將有機會得到更多的資訊。像是《異見的力量》全書的核心概念：不同的想法，總是能打開我們的視野。能幫助我們對於選項保持更多彈性，也能想出更完善、面面俱到的方案，同時迴避可能遭遇的風險。

價值觀、邏輯思維的展露已經是一種冒險，然而這一切通常有理性的基礎，能加以辯論或彼此針砭，逐漸導向合宜討論的可能性。但再高一層的表達情緒，則需要冒更大的險。

- **表達我的情緒：**情緒，沒有一定的標準。有的人可能會在喪禮時，因想到故人趣事而情不自禁地笑起來；有人會在前男友的婚禮上，情不自禁地哭起來或大發脾氣。情緒的表達有個人內在的道理，但也不一定吻合世間約定成俗的表達規範。因此，袒露情緒，通常是一件更冒險的事，也更有可能遭受到嚴重的言語暴力，規訓彼此「何時只能以何種方式表達情緒」。

但是，表達情緒其實是顯露脆弱跟真誠面對關係的一種方式。透過在關係裡自我揭露，讓自己跟對方都能透過這個情緒更理解彼此、更完整地像個人呈現在彼此面前。為什麼我會看著喜劇片哭？為什麼我的笑點跟你總是不一樣？我們的經驗到底有什麼不一樣？我們情緒表達方式不同的緣故是什麼？如果這樣的冒險成功了，能帶來更真誠的關係。

- **溝通的最高層次：**這個金字塔的最高層次，是一個人到不了的地方。我們用盡全力，在關係裡能冒的險、能做的努力，能抵達的最高點就是第二層「表達我的情緒」。但能不能到達第一層頂點，則不是一個人能決定的事，而是當你做了一半，對方願意不願意做另外那一半。

當我們願意在關係內用盡全力展示自己的想法跟情緒，對方是否也願意這樣展露自己？這是可遇不可求的事，所以「溝通」才變成一件這麼脆弱又強韌的事。

有一陣子，我曾經反覆地聽一個朋友抱怨，聽著他說各種想做的惡狠狠之事。我一邊明白他是因為受苦所以才必須這樣說，但一邊又感覺不耐煩與恐懼，並不想親近這樣的暴力語言。我反覆地想，欺瞞朋友的人大概算不上好朋友，所以試著將自己的恐懼與焦躁寫成一封長長的信給他。希望能表達：身為你的朋友，我需要告訴你，每次經歷你說的這些話，我內心充滿情緒，我的情緒是○○○。我並不想默默轉身離開，認為你就是怎樣的人，或是不告訴你究竟發生什麼事，所以我寫這封信。

這封信寄出之後，我們大概有一個月都沒有聯絡。某個程度上，我認為自己大概做錯事了，也許我袒露的情緒是對方不能接受的，畢竟應該沒有人想聽到別人說這樣的實話。但隔了一個多月，就在我差不多都要忘記這件事的時候收到了回信。對方感謝我說出這樣的實話，還說沒有人這樣真誠地對他表達，原來他說的話聽起來讓人有這樣的感受。大家只是默默地疏遠他。他謝謝我說出自己的真心話，也謝謝我是一個真實的朋友。

以為是萬丈深淵，結果卻在深淵底找到光亮。這大概就是真實的溝通才有的心靈雲霄飛車。

這就如《召喚勇氣》中所說的：「我唯一能確定的事就是，假如你要放膽去嘗試，必定會遭受攻擊與受傷；假如你選擇鼓起勇氣，就絕對會遭遇失敗、失望、挫折，甚至是心碎。正因為如此，它才被稱做勇氣，它才如此稀有。」（頁二五）

顯露脆弱

祖露情緒，能幫助我們更像人地與彼此相處，而不僅僅只是做為老師、學生、爸媽、夫妻、親子，而是更回到「人與人」的關係。我是一個有情緒的人，渴求著獲得你的支持。所以當你有情緒，我也希望能好好支持你。我們都是人，都會遭遇到這些情緒。

因為我們的文化，讓我們對祖露脆弱非常不熟悉，也很容易因此一直玩著爭奪權力的遊戲。有時候，也許我們並不想玩這樣的遊戲，而是想靠近彼此，卻很擔心受到彼此的言語暴力傷害。

如果你願意試著多靠近自己的情緒，並試著祖露脆弱的話，這樣的練習或許能提供你一點幫助。

◉做法：

一、請試著回憶你有負面情緒的時候，通常都怎麼跟自己說話？（舉出實際句子）

二、這句話，是否在你小時候有誰反覆對你說過？

三、假使你有情緒時，身邊有人說：「沒關係，有情緒是自然的，沒事的。」你覺得會有什麼不一樣的感覺嗎？

四、試著找到一個值得你信任，不會以言語暴力回應你的情緒的人，訴說你剛剛整理與回想起來的故事，並試著以下面的句子開啟這個對話：「我今天做了一個靠近自己情緒的練習，我想試著告訴你我的經驗。這是我第一次做，很害怕被譏笑跟嘲諷，能不能麻煩你試著聽看看，但不要評價，那會對我很有幫助。我從小面對負面情緒的經驗是……」

3-5 非暴力溝通步驟三，需求而非策略

「意識到自己的需求，可以幫助我們認識到自己的需求是客觀存在的，無論我們的處境如何，以及與我們相處的人是誰。」——《醒醒吧，老好人！》，頁九二。

在非暴力溝通裡，我們相信每個人所做的每件事，都是為了滿足自己與彼此的需要，所以要讓每個人都能談談自己的需求，才有機會找到一條路徑滿足大家。但是，假使我們將「需求」跟「策略」互相混淆，就將落入零和遊戲之中。

「需求」指的是，透過自己的努力，在關係內指認出自己需要被滿足的部分。

「策略」指的是，滿足某個需求的許多方式之一。

舉例來說，我曾經跟先生有過類似的爭執。對我來說，吃便宜的路邊攤讓我很有安心感，加上餓了就希望馬上能吃飽，看到哪間近、看起來不貴、上菜不會太久

就好。對先生來說，他特別討厭擁擠的地方。對他來說，吃飯就是要找到餐點營養均衡、寬敞、能好好地放鬆、能療癒跟照顧自己身心的空間。

如果我們兩人提出來討論的只是「某間店」好不好，通常只能不歡而散。但核心問題其實不是哪間店好，而是「去哪間店能滿足我們的需求」。於是，我們試著學習表達需求，而不是「指認策略」：先生說明對用餐環境的需求，以及對餐點營養的期待；我則試著說明自己對快速上餐的需求，以及減少支出的顧慮。最後，我們漸漸開始能找到有共識的店，享受兩人都感覺需求獲得滿足、身心都得到療癒的餐點，更感覺自己在關係裡被照顧著。

假使我們將焦點放在「策略」，通常只有選擇或不選擇，會誘使我們使用言語暴力。假使將焦點放在「需求」，則能幫助我們發揮創造力，在關係裡滿足照顧每個人的需要。

尋找需求的過程，是朝向自我的一場冒險

「我需要≠我需要你」——《醒醒吧，老好人！》，頁一〇〇。

最近吃飯的時候，常常遇到大肆抱怨家人的男女。明明還隔著一段距離，卻總用著讓大家每句話都能聽得很清楚的音量、帶著一種隱藏的需要，希望大家都理解他／她的日子有多苦。

「我現在就巴不得那個人快點死啦！」「他也是讓我衣食無虞啦，這點我很感謝，但真的沒辦法再跟他相處了。」「我老婆管很緊，什麼都不讓我做，快悶死了。」「她除了把我當不會跑的飯票以外，根本不在乎我。」。一字一句都是清清楚楚的控訴，清楚到一段距離以外的我，一頓飯下來，都可以畫出家系圖跟寫下紀錄。

同樣一句話，側重需求的表達，能讓我們彼此連結；側重評價跟批判的表達，

卻讓我們的連結斷裂，也看不清楚自己的心情。

是真的希望「那個人早死」，還是希望「能在這段關係裡有自由、有好的相處品質、有好的關係連結」？是真的「無法與對方相處」，還是「希望能跟對方好好溝通，彼此了解」？是真的覺得「老婆管很緊」，還是「希望對方理解自己也是需要有個人休閒放鬆需求的人」？是認為「對方不在乎自己」，還是「希望能跟另一半彼此在乎，而不僅僅只剩金錢跟責任」？

評價是對需求的悲劇性表達，也讓我們看不清自己的心。

非暴力溝通期待我們能從評價的言語暴力日常裡，一點一點地回到自己、回到關係裡。究竟有什麼需求隱藏在言語暴力後面？那個需求有多麼急迫地想要獲得滿足，讓我們不惜傷害自己或對方、不惜使用暴力的語言？

之所以每天抱怨這段關係卻又不離開，不僅僅只是因為衣食無虞、不僅僅只是因為責任，通常是因為對這段關係有很深的「期待」。我們有很深刻的需求，非常希望能在這段關係裡獲得滿足，所以我們一邊堅持、一邊抱怨。

但抱怨會斷裂，描述自己的需求與渴望則會增進連結。非暴力溝通深刻理解自己跟關係中的對方是兩個獨立的個體，所以不說「我希望他去死」「我希望他不要管我」「我希望他多在乎我一點」，而是把焦點放在「自己」跟「自己的需要」。

所以我們說：「親愛的，我很感謝你讓我衣食無虞，但我很需要能跟你有連結、能說些心裡話，有好好相處的時光。」「親愛的，我很感謝你始終把家計管理得很好，但我很需要一點喘息的空間，讓我感覺自己不只是工具，而是一個人。」「親愛的，我很感謝你願意不離不棄一直守護著這個家。雖然我很少這麼說，但謝謝你一直默默地照料著這個家，我希望能跟你一起為這個家堅持下去。」

謝謝你，對不起，請原諒我，我愛你。

願每顆渴愛的心，都能憶起自己的需求、連結與滿足。

怪又如何？滿足需求更重要

之前看過一段很有趣的影片：有個人上了捷運以後，用很大片的布蓋住自己，上面寫著：「我要在某某站下車，請叫醒我。」他在車廂裡看來實在非常突兀，而他那看似不符社會規範的異常行為，也讓人忍不住笑起來。雖然他讓自己看起來超怪，卻也同時讓自己的「需求」變得超級明確，每個人都知道他需要什麼。

許多時候，我們比較容易注意到各種人的「怪」，卻很少能注意到不同人們有的不同需求。特別是當人們還在釐清自己的需求，不能如此明確地寫下、套在頭上或讓所有人周知的時候更是如此。比起需求，我們更常注意到的是怪異。我們只覺得這個人好怪，而不覺得這是一個「有自己需求」的人。

你是否想過怎麼滿足自己的需求？以下幾題將幫助你我更深入了解自己想要的是什麼：

一、我對自己的需求是否有表達得這麼清楚、讓人明白呢？

二、我清楚自己的需求嗎？不只是上、下車這種需求，還可能包含生命的重要渴望或目標。

三、我曾經以這樣有幽默感的方式表達過自己的需求嗎？還是時常以控訴代替？

四、如果我遇到這個怪異卻需求明確的人，我願意幫忙嗎？為什麼？

假使像這段影片一樣，我們可以用這麼明確的形式顯現出需求，大家其實就會願意予以回應。如果我們擁有一個這樣的世界，在這裡每個人都不需要擔心自己怪怪的，而能像影片裡的主角一樣勇於顯現「我的需求是什麼，請幫助我」，我覺得這個世界會變得可愛很多。如果我們的世界充斥著這樣形形色色的「古怪需求」等待被回應，應該是件有趣的事。「怪」不再是個議題，如何指出需求、滿足需求，就會變得更重要。讓我們把注意力放在「如何滿足你的需求」，而不只是「你實在看起來很怪」「你這樣不太正常」「你這樣不符合規範會嚇到人」。

怪怪的又怎樣？身為人的需求能獲得滿足，我們就能和諧互助地一起相處在這個世界上。那不是很棒嗎？問題是我們是否清楚自己該獲得滿足的需求是什麼。

期待一個充滿怪怪的人、各種需求都能勇於展現跟被滿足的花花世界。

練習九

展望新年，以需求先行

需求，通常是在「匱乏」的時候才會特別有感覺，滿足時就忘了感謝。無論是對自己或是對關係，假使我們總是看著匱乏的部分，就會情不自禁地一直認為永遠都不夠、永遠無法滿足。但其實你還在這裡，還有餘裕讀著這本書，表示你一定也做對了一些滿足自己需求的事，只是從來沒有機會好好看著這些事。

不妨透過以下這個練習，展開屬於你的「非暴力溝通之年」，回顧與感謝過去這一年裡的自己，並展望未來的一年。同時也試著更回到自己一點，好好感受自己內心究竟渴望什麼需求獲得滿足。這個練習是我參與李志強老師帶領的NVC課程，以課程裡的練習修改而來。

這個小小的練習很適合在年尾或年初、每一次遇到新挑戰、遇到強烈情緒起伏時，或是任何對你有意義的一年交替之際進行，例如：你的生日、特殊的紀念日等。再做的時候已經有了自己的「需求盒」，就不需要每次都重新開始了，倒是可以嘗試補充對你來說更重要的詞彙，就能一直使用、一直練習。

如果你能找到夥伴一起練習，彼此分享珍貴的經驗，能更加肯定自己所做的一切；透過肯定自己的經驗，能讓我們更能以自己為核心思考。這是很重要且不可或缺的一環。不妨試著為自己找到一位不評價、不否認、不命令、也不隨便認為你活該的朋友或家人，共同展開這個練習。

我們是很像，但又不一樣的獨立個體，有自己的渴望與需要。願每個人都能給自己一點允許，更珍惜及願意滿足自己的需求。

◉準備：

一、一**盒空白名片**。大約一盒一百張，有點厚度可以反覆使用更好。書店有許多約十元至三十元的空白名片盒。

二、一**枝筆**。稍微粗一點的筆，以能清晰辨識字體粗細度為佳。

三、**抄寫「非暴力溝通的需求詞彙表」**。請上網查詢或參考本書附錄的需求詞彙，依照你的心意挑選比較有感覺的一百個需求，並將這些詞彙一張張抄寫進空白名片卡裡，一張一個詞（請勿雙面都寫上詞彙，這樣才方便後續操作）。

四、**不受干擾的環境**。準備好屬於自己的一盒需求卡，就可以準備展開下方的練習。幫自己準備一個不被干擾的環境，以求獨自練習，幫助你更能跟自己連結，更能感覺到自己的需求。整個練習費時約十至二十分鐘。

◉回顧去年的練習：

一、**回顧過去這一年**。請試著閉上眼睛，回顧過去屬於自己的這一年，或是邀請夥伴一起練習，為你念出以下這段話：「這是一個讓我們回顧過去一年的機會，能重新看看自己的生命、自己的身心，重新思考哪些事對自己很重要，請你試著回憶那些屬於自己的不容易的一年。回憶今年做完了哪些事、沒做哪些事，好好在你的腦海裡回顧一番。」

二、**挑選出去年你滿足自己的十個需求**。這麼不容易的一年裡，你放棄了許多，也調整了許多。但你必然做對了什麼，現在才能在這裡做這樣的練習。請試著從你的「需求盒」裡，一張張挑選出過去這一年獲得滿足的個人需求。如果這是獲得滿足的需求，通常看著這些情緒詞彙時，會出現舒服愉悅的情緒。

三、**拍下／記錄這十個需求**。如果你願意，可以拍下為這個練習挑選出的十張需求詞彙卡，記錄你獲得滿足的需求。如果有人與你一起練習，可以彼此分享去年究竟有哪些需求獲得滿足、發生了什麼事讓你獲得滿足？

四、**感謝自己**。好好地看看這些需求，感謝自己在過去這不容易的一年裡，很努力地試著滿足自己的需要，讓自己沒有更匱乏。你已經很努力地面對了挑戰，也很努力地做了調適。好好地感謝自己，也感謝自己獲得滿足的需求，更要感謝有這樣的機會靠近自己的需求。

◉展望新年的渴望：

一、**想像新的一年**。請閉上眼睛，想像一下希望怎麼度過屬於自己的新年。如果有人一起練習，可以為彼此念這段話：「我們已經告別了去年，接下來這一年的每一天都與去年既相連又不同。我們可能依然會面對挑戰、工作的變動、孩子獨一無二的成長經驗。一切可能有些一樣，又有一點不同，因此需要我們調整。在新的一年裡，有沒有什麼需要其實一直對自己很重要，但一直忘了放進清單裡，需要獲得滿足？」

二、**挑選出新年你想滿足自己的十個需求**。這是一個屬於你的時間，試著更加回歸自我。不去想誰想要你做什麼、你需要滿足誰好換得太平，而是思考為了自己，你需要滿足哪些需求讓你過得更有精神、更有能量？請依照這個目標，試著從你的「需求盒」裡，一張張挑選出在新的一年裡期盼能為自己滿足的十個需求。

三、**拍下／記錄這十個需求**。如果你願意，可以拍下為這個練習挑選出的十張需求詞彙卡，記錄你期盼能滿足的需求。如果有人與你一起練習，可以彼此分享今年各自期盼能滿足哪些需求，那個需求為什麼對你們來說如此特別，而你們期盼怎麼滿足這些需求？

四、**感謝自己**。好好地看看這些需求，感謝自己做了這樣一個練習、好好感謝願意這樣做的自己，也帶著這些珍貴的需求，試著在接下來的三百六十五天裡，找機會滿足它們，好讓你能活出更有能量、更充實的生活。

3-6 非暴力溝通步驟四，請求而非要求

「請求幫助，等於表現出他的困苦與脆弱。意識到這一點，就意味著我們已經深刻地剖析了我們的創傷，並因此更深入地認識了我們自己。」——《醒醒吧，老好人！》，頁一五七。

「請求」指的是，謹記在關係裡，對方總是有權力拒絕，但我們試著提出自己的需要，並請求對方的協助或配合。

一個習慣言語暴力的環境，很容易讓我們將言語暴力包裝成「假請求」，像是常見的「今天下班前你能做完這些交上來嗎？」這看起來好像是個請求，但其實裡面是不容拒絕的交派任務。為了幫助自己跟彼此劃定語言的合理界線、幫助自己更有意識，我後來多半會加上一句：「如果你想拒絕，請不用客氣，儘管提出來，我會再想辦法。」「請你自己評估一下，不一定只能選擇答應我。感謝你。」

誰奪走了你說不的權利？

非暴力溝通的四個基本要件，是觀察（事實）、感受（情緒）、表達需求以及請求。前三個就已經很難，但「請求」對我們而言往往更困難。

檢驗請求的方法，就是它能否允許你說「不」。「我們先寫功課再出去玩，好不好？」「我現在只能給你這麼多，下次有機會再補給你好不好？」「你對我們的貢獻，我銘記在心，但目前實在給不出答應你的東西，我只能來世再報了。」

在華人的文化裡，資源並不是一視同仁的，也不是均等的，往往就更別提公平、公正、公開了。資源分配總是跟著「權威」與「關係」走。有多深的關係，決定能取得多少資源。而資源跟關係相綁，環環相扣，緊密依附彼此的結果，讓我們無法判斷「拒絕」將使自己蒙受多大的傷害。只知道有德的上位者不要得罪，無德的上位者得罪不得；有德的下位者偶爾讓他吃點虧也無所謂，無德的下位者得準備好蘿蔔跟棍子來利誘跟威脅。上位者不見得允許下位者說不，下位者也不見得能承受上位者說不。

奪走你說「不」權力的人，其實從未打算好好尊重你的決定。你越是退讓，就越被步步進逼；你越是忍耐，就越被以「公司是一個大家庭」「共體時艱」等理由，當成最軟的柿子。

如果我們已經從帝制走到民主時代，已經沒有隨便可以把人拖下去杖斃的上位者，也沒有可以毫無理由隨便奪走的工作，更有各種申訴機制。那麼，是誰奪走了你說「不」的權利？誰讓你覺得說「不」很危險？

我時常聽著尊重、多元，卻覺得一知半解。好像同意，但好像似懂非懂。直到我學習非暴力溝通，才漸漸理解了它的意思。

從非暴力溝通的原則跟精神來看，我們每個人都是獨立的個體，都能獨立感受、有自己的情緒、有自己的需求，自然也可以有自己的決策，那是每個人的精神跟心靈自由的展現，不應該受到侵犯，那麼，誰奪走了你說「不」的權利？你是自由的。然後我們才是平等的、多元尊重的。

願每個人都能自由地感受自己，自由地以自身能力滿足自己的需求，自由地選擇同意或拒絕任何不想要的東西。

留意那些不容你拒絕的人

我從不知道自己原來這麼不擅長拒絕。

有次為了找位朋友，結果被專櫃推銷的小姐纏住。她殷勤地說：「免費的面膜，不用留資料。」我平常都會點頭快步走過，但那天想著人家也是辛苦工作，每次都拒絕也不太好，於是就伸手去取。結果對方問：「可以幫我在這裡打個勾嗎？打個勾就好，不用留資料。」我表示她可以幫我打勾，但她卻堅持要我自己來。

我打了勾想走，她卻拿著面膜不放，邀請我坐下來，然後一瞬間撕開面膜敷在我的臉上，開始跟我介紹起來。過程裡無論我如何說著不需要、不想要、沒有必要，她都秉持著死纏爛打的精神，而且還跟同事輪番上陣。這人不行了就換另一人，推銷的單價也一直飆高，鼓勵我消費更多更多更多，怎麼拒絕都無效。於是最後我只好使出尿遁的招數，一逃走就不回去了。

勇敢拒絕後的改變

言語暴力的受害者，很不擅長拒絕；言語暴力的加害者，則很擅長逼得人無法拒絕。

非暴力溝通的第四個步驟是「請求」。其中最重要的，就是辨識對方究竟是不是真的提出一個請求。**那些不允許說不的，其實都不是真的請求，而是命令。**只是包裝得比較精巧，聽起來讓你比較不容易覺察，但它依然是命令。所以，非暴力溝通裡鼓勵思辨哪些請求不允許他人拒絕。而我們自己提出的請求，是否允許別人同等地拒絕我們呢？

華人的文化習慣，讓我們覺得「拒絕」是恐怖的。因為我們無法判斷這段關係若斷裂了，自己究竟會蒙受多少損失，所以往往傾向用力勉強自己，盡量不容自己說不。這讓我們一邊說出假的請求，一邊又不敢說不，卡得好緊。

那些奪走你拒絕權利的人，包含某些逐步誘拐你墜入的邪教、過度強勢的行銷、洗腦行動、不願意讓你發展自己想法的人。他們為了自身目的而用力，一開始以糖蜜包裹的讚美跟奉承讓你心曠神怡，後來則變成各種資源的限制，不允許你為自己思考、不允許你拒絕。從輕微的不能表達自己想法，到嚴重地被拳打腳踢、被當提款機、失去認識的所有人與所有資源、被當成十惡不赦的人。你必須臣服、必須消費、必須聽從，好彰顯他們的權威跟能力。

讓我們練習說「不」，來檢驗哪些人真的值得信任；哪些人願意默默支持我們擁有自己的想法、判斷與堅持；哪些人其實不願意讓我們自行思考、不願意讓我們自己判斷而想強加決斷、不願意讓我們有任何堅持而只能絕對服從？

留意那些不允許你說不、不允許你思考的人，試著為了自己思考，不再盲目跟隨。這會是一段痛苦艱難的歷程，卻會帶來更深的理解、更深的滿足、更能表達自己的想法、更能滿足自己的需求，也能為自己負責並感到滿足。

願我們都能試著說「不」，好好保守自己的心。

拒絕與逃跑

在你的記憶中，拒絕這件事是安全的？還是危險的？你是否曾經拒絕卻被無視？還是提出請求卻遭到拒絕？那時候發生了什麼事？

或許你曾經因為自己的拒絕或逃跑而一直譴責自己、複製外界對自己的言語暴力、認為自己不夠堅強或不夠勇敢。那或許是身處極端暴力的情境下，你試著保護自己的方式。但是你可以拒絕加入或成為以暴力對待彼此的人；你可以好好地照料自己的情緒或需求，而不是壓迫自己或別人。

處在充滿言語暴力的情境裡，通常很難有勇氣拒絕某些事情。假使你發現自己從未提起勇氣拒絕任何對你而言不舒服的事，請你先不要急著責怪自己，先花一點時間回顧前面的練習（二），確認自己是否已經有一群彈珠罐朋友。

一個健康的環境，會允許你有自己的情緒跟需求，並允許你照顧自己、允許你跟彼此不一樣也沒關係。如果對方能溝通、願意傾聽彼此，或許你可以試著表達自己的限制、意願，明確地拒絕；如果對方願意尊重你的選擇，他就會另找辦法處理這件事。

但假使他試圖曲解你，並運用各種言語暴力逼你就範，那麼這個人或許是你需要保持一段距離的存在。假使你從來不曾明確表達自己的想法，卻宣稱對方應該都知道，則顯然是有一些嚴重的誤解，對方不太可能做到。

若你感覺到自己的身心狀況即將出問題，卻暫時沒有辦法離開，也沒有一群彈珠罐朋友。這時候，請允許以照顧自己所需要的方式「逃跑」，好照顧自己的情緒或需求。試著做做看這樣的練習：**回憶你曾經為自己拒絕過哪些事，是否曾經逃跑？**「逃跑並不可恥，還很有用。」它甚至可以是維護自己心靈健康的方式。

我拒絕／逃跑的事	我當時怎麼表達	後來有什麼結果
拒絕專櫃小姐的強勢推銷。	「我沒有這個需要。」「我目前沒有這個預算。」	對方祭出破盤折扣希望誘使我消費，剛好肚子很痛就假借上廁所逃走了。

謹記請求時感受的脆弱

當有意識地讓語言中的控制、言語暴力、命令轉為請求時，會突然意識到自己很脆弱。因為不能使用習慣的各種控制，如：「如果你不……我就……」「你可以……啊，之後等著瞧」。讓自己停下那種控制的句型跟意圖，深刻地尊重另外一個人有自己的判斷與決策權。所以必須練習著知道對方有自己的選擇，但仍提出個人在關係中的請求。

提出「真請求」的這個時候，會有種無以復加的脆弱感。它混和著恐懼與擔心，不知道會得到什麼不好的回應，但又想試著更尊重對方，也更尊重對方的選擇與判斷。這是一種傳遞著自己的心，但這顆心卻可能半途墜落碎裂滿地的感覺。

我很喜歡在帶領自己的溝通團體時設計一個活動：拋接雞蛋。

小時候大家可能都想玩雞蛋。雞蛋在特定角度很強韌，但多數時候又非常脆弱。一開始大家都會很害怕，根本不敢「拋」，只能算是只在一步距離內輕輕地

「丟」。

準備拋接雞蛋的時候，不可能不看著夥伴的狀態：他現在是否空出了手？他是否準備好要承接雞蛋？我會不會拋得太早讓他措手不及？

有的時候蛋會摔碎，因為接的人手不夠柔軟，就硬生生地破在手上；或是已經看著彼此了，但還沒有準備好接，就硬生生地摔破在地上。習慣以自己速度拋擲的人，會一開始就把所有蛋摔碎，因為沒有看著對方，以及不知道對方是否準備好。

持續看著對方，並且幫助彼此準備拋接的小組，就能一直持續。當別人的蛋都摔碎了一地，他們的蛋還可以反覆地、持續地、穩穩地拋接。最後通常還能完好如初地回到團體帶領人的手裡。他們究竟怎麼做到的？

假使蛋是我們脆弱且真實的心意，拋接是溝通，你看到了什麼？

準備拋出去的時候，我們有兩種狀態：一種是「無論我怎樣丟，你就要給我接住啊！否則就是你技術不好」；另一種是「我希望它能被好好接住，所以我也會試著營造你能接住的氛圍」。

前者的蛋通常九死一生，更常看到兩人互相鬥技，試著在各種沒有準備好、突如其來的不利狀態下，測試彼此的反射神經；後者的蛋通常比較完好，比較接近我們想傳達真實心意時的反應；希望能好好將它傳達出去，讓對方理解自己的心意，所以會看著對方，喊著「一、二、三」幫助彼此準備好，而不是殺個措手不及。

真請求的回禮

在命令與言語暴力的關係中，對方通常是只能被我控制的；真正的請求與非暴力溝通的關係中，對方則通常是值得尊重的獨立決策個體。真正的尊重與請求，就跟拋接雞蛋一樣，意外地讓人有點脆弱，有種失去控制的感覺。

你發現了嗎？真正的請求不再能透過影響局勢，造成對方生存機制的劣勢，逼迫對方必須跟自己合作。不再能說自己很尊重對方，卻使用非常多的言語暴力，附帶威脅讓對方自己退讓。而是真實地放下這一切，提出自己的狀況，並且探求對方的自由意志、真實意願。

雖然提出真請求的時候，會意外地感到脆弱，但每一次都能從回覆中，感到滿滿的連結，無論對方是否願意合作。我想，那是送給願意踏上非暴力溝通者的禮物——允諾豐盛的關係。

受到尊重以待的人，會回饋更多的尊重，而這一切能幫助我們展開更好的非暴力溝通練習，讓我們能在一個友善的氛圍內繼續前進。這是我們感覺脆弱、害怕惶恐地提出請求之時，不曾想到的事。

願每顆浸泡在言語暴力裡習慣著也疼痛著的心，都能有機會喘一口氣，給自己一個機會重新相信自己，試著展開一場不同的冒險、開啟一場充滿尊重及真實看著彼此的對話。

你的請求清楚易懂嗎？

結婚前我是個晨型人，但先生是暗光鳥。偏偏我們居住的空間沒有辦法擁有各自獨立的空間好不互相干擾。加上我又是高敏感型的人，一點點光、一點點動作，我就會醒來。於是結婚後，我便開始跟先生反覆溝通、拔河、磨合、提出請求，希望能找到一個順利的方式，滿足我很需要的「不受干擾地早睡」。

一開始我說：「我真的很需要早點睡，你能不能也早點睡？」但他早點睡的定義顯然跟我的不同。對原先是暗光鳥的他來說，凌晨三、四點睡是常態，一點睡已經是早睡。但習慣十一點或十二點睡的我來說，這一切都是不可理喻的晚睡。嘗試了一陣子後宣告失敗。

後來我提出：「我因為很容易受到光跟聲音的干擾，你能不能早點睡？」於是他試著戴耳機在黑漆漆的房間打電動。他叫我自己早點睡，他想放鬆一下再睡。然後我發現，這個做法根本沒用。

接著，我再換個方式說：「我需要在晚上十二點以前睡，你能早一點睡嗎？」然後我發現他會從十二點開始準備睡前動作。從我的角度看來，那是既漫長又非常干擾我睡眠的一系列動作，這一切讓我更容易失眠、毛躁跟脾氣不好。

於是我再次提出請求：「你能不能十點就開始做睡前動作？這才能幫助我們都

早點睡？」結果有時候戲劇很好看、新聞很精采時，他想跟我一起看、一起討論，又需要去做睡前動作。兩個需求互相衝突，讓我又好一陣子睡不好。於是經過反覆地協商，他終於訂出一個屬於他、夠具體、在關係內能互相尊重的方案。也就是他會在十點開始進行睡前動作，並且放下好看的戲劇跟新聞，這樣我們才能都早點睡。於是我才有了比較好的睡眠。

這段歷程雖然寫起來只有幾百字，實際上卻花了五年，才逐漸摸索到一個不壓迫彼此的方法，理解彼此的需要究竟是什麼。

你時常跟我一樣，提出品質不佳的請求嗎？雖然過程間我們總是很痛苦：不明白對方為什麼無法妥善理解自己的想法？為什麼改變了，卻總是不吻合彼此的需要？到底還要怎麼換句話說，才能讓對方聽得懂？為什麼明明努力了卻還是不夠？

我們時常在關係裡提出請求。但是常常搞得一肚子氣，認為自己明明已經反覆示弱，但不知道為什麼對方總是很難理解、很難接納、聽不進去或聽不懂？會不會根本對方就是剝削者，完全不會回應自己，自己只能在關係裡不斷付出，甚至感覺應該結束這段關係才行？

在決定結束關係以前，可以先看看我們究竟怎麼提出請求。

對方是否明白你的請求？

提出請求時，通常有四個門檻：

一、**需要允許對方拒絕**：假使我們認為彼此都是獨立可以自行判斷的個體，對方對我們提出的想法自然有決策的空間。假使我們採用不容拒絕的句子、口吻、氣勢，自然跟非暴力溝通的精神不一致。而這樣的請求通常更反映出我們內在的焦慮或控制的渴望，會將對方趕得更遠，難以溝通。

二、**需要夠具體且容易執行**：這個狀況其實很常見。像是在關係裡提出：「我想要你更在乎我一點。」「我希望你把我當回事。」「你就不能更貼心一點嗎？」，或是我一開始提出的「你能早點睡嗎？」。我們都覺得自己用盡心靈底層的力量在吶喊，但這樣的句子通常很難被聽見、被聽懂，進而讓我們感覺非常挫折，懷疑起這段關係、質疑對方根本不在乎自己，卻沒有留意到可能是自己的請求實在太模糊。於是，我們搞不清楚彼此的需求，跟核心的困難，只能慢慢摸索、慢慢溝通。

三、**需要具有執行空間：**有些時候我們會提出一些太限定的請求，導致沒有辦法因應各種可能發生的狀況。像是我跟先生終於協商出「十點以後開始做睡前動作」，卻忽略了他有時候也想一起聊聊時事、一起看些戲劇。他並非不想提前準備睡前動作，而是他也需要知道對我來說，哪些事的優先順位高於其他事。當出現類似的矛盾時，他才比較能參考怎麼排訂自己的行動順位。

四、**需要接受協商，並允許對方依自身狀況調整採納或否決：**我們通常會希望自己的請求可以立刻、馬上、不修改、不協商就獲得滿足，但在關係裡卻很難做到這點。因為對方也是一個獨立的個體，通常會需要經過痛苦的歷程，才能逐漸一點一點地更理解彼此，也明白這些請求都是對彼此而言很真實的需求。

非暴力溝通的目標是「想要一起走下去」。所以就算你拒絕了我，我們有意願彼此理解跟共同前進，就會繼續反覆嘗試，直到找到那個可以溝通的點。原來有哪些事是我可以做，哪些事是你可以處理，好幫助我們一起過得比較好；原來你在乎這個，而我在乎那個，才讓我們終於對彼此擁有足夠的理解。理解彼此的優先順位，理解自己的所作所為會影響對方什麼，然後我們選擇一起走下去。

非暴力溝通，不會讓我們一次就成功，但它能幫助我們在關係內更深入理解彼此。它不像言語暴力，必定會帶來權力的不對等跟彼此的傷害。但選擇非暴力溝通也不會是一條容易的路，更不會讓你的目標更輕鬆達成。很多時候，使用非暴力溝通甚至會讓你的目標感覺更遠、又更難了一些。但是，若你已經深刻理解了言語暴力會如何傷害我們，或許你會願意一起繞點遠路？

讓我們無傷聯繫著彼此，一起共好地穩穩前行。

3-7 尊重的具體化：支持每個人的獨特情緒需求與表達

「放膽展現脆弱的力量，意味著找出我們自己的路，也尊重他人尋找的路。」——《脆弱的力量》，頁二十二。

沒有人應該「適應」言語暴力

多數人都沒有學過如何好好溝通，卻可能已經說了一輩子的話。其中更常複製從小聽來的各種暴力語言，如「你很笨」「你豬啊」「誰像你一樣沒有用」「閉嘴」「輪到你說話了嗎」「你沒資格講話」。

身處於暴力語言為主流的世界裡，說自己因為暴力而受傷，總讓人感覺太小題大作。所以很多時候我們只能默默忍受言語暴力，不能反擊、不想惹事、甚至不願意表露自己的情緒，而是要求自己強化適應力，並安慰自己「這世界就是這樣」

「家人是因為愛才嫌我的，不然可以不管我」「是我自己太敏感，沒有感覺就好了」「是我自己反應過度，別人都沒事，就我自己不舒服，是我的問題」「如果還想要這份工作，只能乖乖聽老闆的話」。

事實是，暴力的語言會引來許多情緒，例如：委屈、挫折、無助、生氣、傷心、無奈、難受、沮喪、失落等。這些情緒原本都是禮物，用來提醒我們這裡有什麼不對勁、此刻應該多照顧自己一點。但我們時常屈服於各種「孩子沒資格說話」「下屬沒立場反駁」的不對等狀況，封閉自己的感覺，讓自己不舒服的情緒都丟進垃圾桶，甚至期待彼此能更適應暴力語言。

不，沒有人應該這樣做。沒有人應該一直暴露在暴力的語言裡，更遑論適應。

要停下這一切，我們需要試著靠近那個因暴力而傷痕累累的自己。從體驗自己真實的感覺開始，不再運用暴力的語言對待自己。感受是我們的盟友，告訴我們都值得被好好對待，我們都可以展開更善意的互動。

你需要的絕對不是「適應」言語暴力，而是靠近自己的真實情緒。

你的情緒不是我的責任

我們總是在情緒上無法有清楚的界限。因為這個不夠完美的世界裡，還是有很多言語暴力，還是有很多彼此傷害，還是很難好好面對自己也坦率對人，還是沒有機會練習好好把一句話說清楚。所以，我們總是不確定對方是否需要幫助、總是期盼自己的難處能獲得他人協助。

有時這種彼此不需要練習說清楚的高度共鳴，抑或是彼此投射的狀態，恰巧能成為彼此的及時雨。但也有些時候，想幫忙他人卻不被領情，或是自己無法及時獲得幫助而認為都是別人的錯，帶著一種「你應該知道我的難處」「你應該同理我的困難」「你應該跟我同心」的期盼。但是你有情緒不代表就是他人的責任，你的無助不該變成對他人的要求。

從小混淆著的情緒界限持續地混沌不清，成為恣意拋擲情緒、要求他人承接與滿足的狀態。「如果我的需求都獲得滿足，就不必練習把話說清楚，也不必面對自己的不堪與無助。反正只要展現情緒，需求就會自動滿足。」這也就是大家耳熟能詳的「情緒勒索」，以情緒逼他人就範。

能被逼著就範的人，通常是特別在乎這段關係的人。他們在意你是否會因此氣壞身子、在意你是否受了太多苦難以說明、在意你會因為得解釋清楚而大傷顏面，所以在能安撫彼此的情況下盡可能地做，埋藏讓自己不舒服的情緒，只為了讓彼此能和諧安好地在一起。時間一久，時常會忘記「別人的情緒不該是自己的責任」。

如果我們的情緒是自己的事，那麼你的情緒也該是你自己的責任。我們能在對方有情緒的時候彼此陪伴，了解對方經歷的許多情緒、理解對方為什麼有這些情緒，以及這些情緒讓對方多麼難受而不知所措。或許對方真的很希望有人能幫忙解決一切問題，但很遺憾的是，我們並不是那個人。我們也有很多自己的限制，可能有些事已經很努力了還是做不到。我們可以理解、陪伴彼此的情緒、不堪，但也明白自己不須承擔對方的情緒。

情緒是自己的責任，而不是要求別人做什麼來滿足自己的武器。如果我們真的愛著對方，通常會希望給出更多選擇與自由、包容，而不是限縮選擇，或利用這個武器威脅在乎自己的人。

我們有自己能做、願意做、不願意做的事，也有自己的底線、能接受與不能接受的狀況。對方有狀況，不代表自己必須概括承受。如果真的退無可退，斷裂關係來保護自己也是一種不得不的選項。

唯有能正視自己與對方的情緒界限，才是真正的自由人。能自己擔起情緒的責任，擁有珍貴的關係，而不是彼此勒索、彼此威脅，痛苦地留在關係裡彼此埋怨，卻總是無法離開。

願每個人都能允許自己有情緒，不要求別人負責，能陪伴彼此與支持情緒，但不把別人的情緒扛在身上做為自己的責任；願每顆遭彼此情緒綑綁難以喘息的心，能逐漸鬆綁，並理解總是能自己選擇，所以我們的關係也總是一種珍貴的選擇，而不只是應該。

停下暴力的自我對話，更信賴自己

活在摩登社會裡，轉開電視、滑開臉書、跟人對話、被動聽話，就身處在瘋狂的各種暴力語言裡。為了更有競爭力、擁有更多證照、更有議薪能力、更不容取代、更能勝過某個人，我們像上緊發條、縱使偶爾感覺失控也不知道除了猛力往前衝還有什麼可能的人，每天握著用力鞭打自己的韁繩跟鞭子說：「給我更拚命一點！」「我們不要再繼續輸給〇〇〇了。」「〇〇〇有什麼了不起，我看還能囂張多久。」

我們害怕自己用盡全力也只有這樣。會不會停下來更友善對待自己，就等於放棄自己、放棄競爭力？是不是連自我管理都做不好的人，未來哪裡也別想去了？因而陷在一種深層的身心疲憊之中，害怕放下鞭子以後會發生什麼事，於是又鞭策著自己：「這一切實在太恐怖了，你給我加油！給我振作起來！不要這樣要死不活的！」

沒走過的路實在太恐怖、忍耐已知比迎向未知好。於是我們複製許多聽聞到的暴力語言，例如「尿不夠黃，就是不夠認真工作」，並將它們視為標準，拿來自我砥礪（自我暴力）。直到精神、身體或心理的結構崩壞，無法繼續維持，便爬上某公司高樓往下跳、拿刀殺害某些一直不放過自己的人，或倒在職場的某處。

外在的暴力環境會逼迫我們對自己更暴力，也讓我們更難學會「非暴力」，無論是對別人，或是對自己。於是，我們複製著從別人跟環境而來的暴力語言，製成每天播放給自己聽的暴力錄音帶，造成自我施虐的後遺症：「你就是做得不夠好啦。」「你就是不夠努力啦，太安逸。」「你就是草莓族。」

一個在受害環境裡長大的孩子，沒有機會學習如何善待自己、不曾有人示範如何自我悲憫，也不知道有情緒時要如何安撫自己。環境裡充斥著暴力的語言，於是孩子們往往拿了這樣的語言來組織自己是誰，並在這樣的前提下也習慣著自我施虐。

或許我們永遠都很難跟自己說：「已經夠了。」「已經做得很好了。」但或許可以開始試著多覺察自己跟別人每天說的話，留心這句是不是參雜了暴力的語言。也許我們就會開始發現這一切其實已經夠了，可以期待新的可能。

信任自己、愛自己，就從留意每個對自己與別人說的句子開始。沒有一個人應該被暴力對待。唯有讓暴力暫停下來，才有愛跟被愛的空間。

願每一個敏感而小心翼翼的存在，都能越來越自在。

辨認自我施虐的語言

「當我們感到自卑時，就無法改變與成長，我們無法以羞辱的方式改變自己或他人。」——《我已經夠好了》，頁三一三。

自我施虐是很難辨認的一種語言，首先是因為它通常出現地非常快速，有些甚至快到像是自動化反應，不到一秒鐘就能讓人瞬間陷入挫敗、沮喪、失落、無助或對自己憤怒的情緒裡。因為太快了，所以有時候根本無法捕捉，只能感覺自己很失敗跟「應該發生了什麼」的茫然。

想要察覺它，通常有夥伴一起努力會比較容易。當發現強烈的情緒升起卻不明白裡面是什麼的時候，記得放慢思考的速度，試著想像用慢動作的攝影機拍攝自己的大腦，鏡頭從「看到什麼」「腦海裡閃過哪句話」「這句話帶來什麼感覺」到「自己因此有了什麼情緒」，試著捕捉瞬間出現的自我施虐句子。

另一個難以辨認自我施虐的原因，則是因為我們生活在言語暴力的環境裡，所以並不容易覺察跟分辨「言語暴力」。我們會日復一日以極端言語暴力的句子對自己施虐，卻無法覺察，因為這就是我們的日常。如果這樣不合理，應該會有人出聲阻止才是。但沒有任何事發生，所以這個世界好像就是這麼運轉的，不是嗎？那麼我們這樣對自己說話，應該也是合理的才對。於是，我們通常很難留心此時的自我施虐，也更難覺察到環境的暴力對自己施暴，更允許再對自己二度施虐。

因為如此，本書的前兩章花了許多篇幅說明「言語暴力受害者的樣貌」以及「什麼是言語暴力」，希望能幫助你留心生活周遭有多少環境的言語暴力。如果你能一點一滴地開始分辨出來，或許就準備好發現自己有多常對自己使用言語暴力。

透過放慢自己思考的速度，將能逐漸找到這些正在殘害自己的句子，並且幫助自己以非暴力的精神一句句改寫，就是正在展開一個「自我悲憫」跟「自我疼惜」的實踐。幫助自己逐漸離開言語暴力帶來的陰影與創傷，一點一點療癒自己。

願每顆被言語暴力所傷，很難原諒跟悲憫自己的心，都能有機會踏上療癒自我之路。

練習十一

區辨對自我的暴力

在我學習非暴力溝通的歷程裡，獲益最大的是覺察對自己的施暴。你是否有察覺到在日常生活中，經常以言語暴力傷害著自己呢？讓這個練習幫助你放慢思考的速度，找回跟自己對話更好的方式。

請試著列出時常在你腦海裡一閃而過，或是你對自己說過的自我暴力語言。

你對自己說的話	這句話支持或否認你的權力	有沒有其他語言可以取代這句話？（言語暴力的情況下）
「你寫這本書有什麼屁用？」	否認。否定我想寫這本書的想法，並且評價我、阻斷我說明自己為什麼想這麼做。	「你希望這本書能對哪一些讀者發揮影響力？」

你對自己說的話	這句話支持或否認你的權力	有沒有其他語言可以取代這句話？（言語暴力的情況下）
「我今天真的已經很努力了！大概沒辦法更努力了！」	支持。肯定自己的努力，支持自己的判斷與感受，允許自己用自己的速度前進。	「我今天已經很努力了，可以先好好休息了，明天再繼續就好了」。

3-8 非暴力溝通是條通往「全心生活」的路

「我們需要有人願意去感受傷害，而不把傷害移轉到別人身上；我們需要有人願意擔綱自己的故事，遵循自己的價值，需要有人不缺席自己的人生。」——《勇氣的力量》，頁二八。

從牙牙學語開始，我們人生中的大部分時間都不曾仔細思辨過「講話」這件事究竟該怎麼進行。畢竟，對大多數的人來說，說話就跟呼吸一樣，好像沒有什麼特別學習的必要。煞有其事地學習一套語言，反而是件奇怪的事。更遑論學習了卻發現自己竟然變得不會說話、加上覺察後明明一直以來會的事就變成不會做了，更是一種無比挫折跟艱難的經驗。

這就像是騎腳踏車，是一種「身體化」的經驗。仔細說明自己究竟是怎麼騎的時候，就會變得不知道該怎麼騎，而從車上跌下來。

我們在人際關係中的對話，很多時候也是這樣任由未經思索的語言脫口而出。沒有仔細想過會造成什麼影響，也沒有仔細想過會造成關係的連結或傷害：「只不過是一句話，有必要想那麼多嗎？」「你幹嘛那麼介意一句話啊，這樣日子還過得下去嗎？」「不要那麼敏感好嗎？不要那麼多心，不然我以後不敢跟你講話了！」「我只是開玩笑的，你還不快點笑，我不是認真的啊。」

恣意地寫下或說出以為別人不會因此受傷的暴力語言，然後認為這樣說話沒有責任。恣意地說話，其實就是恣意傷人而不自知；在特殊的位置上恣意說話，往往帶來嚴重的傷害。

男朋友跟女朋友說：「妳自己穿那麼短，被性侵是妳活該的吧？」老師跟學生說：「我要是教到你會，大概世界就沒有人不會了。」同學嘲笑著彼此：「為什麼我們這樣對你？都是因為你一臉欠霸凌啊！」網友恣意肉搜寫下：「長這麼醜，怎麼不快點死一死算了，醜人沒有資格活。」關心民主化跟各種公共議題的人恣意寫下：「意見不同的這些人智力測驗都不會過，只要……就全部都會死。」

踏出第一步後的阻礙

當我們試著開始思辨什麼樣的語言是「言語暴力」，並開始想嘗試邁向「非暴力溝通」的時候，會遇到很多困難：

一、**不會說話的窘迫感**。過去總是能侃侃而談的人，會因為每句想說的話都是言語暴力而必須拉住自己。想了半天，刪掉許多腦中的句子，卻沒有一句話可以在這個互動的當下說出口，於是感覺到一種異樣的窘迫感。

二、**出現深刻的罪惡感跟無助感**。面對這種異樣的窘迫感，過去未曾受到妥善應對與好好照料的「情緒反應機制」會突然現前。過去有情緒時、窘迫時遭逢的言語暴力，會在這個時候像山洪暴發一樣熊熊湧出。未曾妥善接住的情緒，加上不知如何面對跟因應的情緒，混和著過去有情緒時遭遇的言語暴力接連出現，會導致很深刻的罪惡感跟無助感，因此陷入深層的沮喪裡。這是在言語暴力環境裡長大的個體，沒有能力依靠自己脫離的困境。因為不曾有人為他示範有情緒時，該如何好好接納自己。

三、**身邊沒有有支持的夥伴**。此時，很重要的是身邊有沒有足夠友善的社群，能成為個人「暫時的義肢」，幫助他們復健好好接納自己的能力。這些夥伴能夠不以言語暴力對待這個人，不增加新的言語暴力傷口，而是以非暴力的、友善的方式，支持個人情緒跟需要，協助他們逐漸長出好好接納自己的能力

四、**個人意志不夠堅強與清晰**。個人是否有足夠清晰的意念，去理解暴力的循環並立志放棄言語暴力？是否擁有縱使很難，還是願意繼續勉力前進的倔強？

想學習非暴力溝通的人們，多半都沒有這麼好的機會，能順利地克服這些層次的難關。於是我們面對非暴力溝通，多半只能心生嚮往，很難邁步向前，因為我們通常很難忍受反覆出現嚴重創傷帶來的羞愧感。

這種嚴重的羞愧感出現時，通常只能在一種難以說明的情緒下竄逃，既說不清楚，無法描述怎麼了，又感覺很痛苦、很羞愧，感覺到太多東西卻無法承受、無法忍受，因此迫切地想逃離。但是難以逃離時，則可能選擇傷害自己、自殺、物質濫用等。

放心，你會好好的

許多過去受到不當對待的創傷、隱藏在記憶深處的羞愧經驗，會在接觸非暴力溝通時一點一點地浮現：「為什麼每當有人大聲，我就會馬上覺得是自己不好？」「為什麼總是小心翼翼注意別人的口氣，搞得自己很神經質？」「為什麼犯了一點小錯，就馬上自責到自己難以承受？」

這裡面都有屬於自己的故事。這些不當對待，不見得是施虐者蓄意的，卻無疑對我們造成了嚴重的傷害，在身上留下遭受言語暴力的印記。

當這些故事慢慢浮現，我們通常會感覺非常羞愧，不知道如何因應自己的情緒，也不知道如何面對被言語暴力標定為不好的自己。因為我們多半都學會在面對言語暴力時，要藏好各種犯錯的可能、各種不好的自己，必須完美無缺才能全身而退。一旦顯露有缺點的自己，就會遭遇嚴重的威脅，因此我們常常陷入深刻的恐懼裡，不知所措。

這個時候，我們需要夠多能放鬆、能秉持善意支持協助溝通的安心社群。在這樣的群體裡，我們才有機會不再強化那些嚴重的創傷。

縱使創傷不會被強化，當這些創傷或嚴重的羞愧感來襲，我們仍然非常需要友善的社群、家人、夥伴、好朋友的關注，並深深相信我們的不知所措必然有它的道理，知道我們不是來亂、不是故意的、不是蓄意抵抗，而是遭遇了自己的困難，處在一種難以尋求協助又說不清楚的狀態裡。然後友善地陪伴著，也友善地支持著，讓這些「不知所措」「失語」的處境，都能慢慢被梳理。

不過，在友善的支持下，我們還是必須自己面對那些深刻的恐懼跟困窘。那是一種害怕自己會墜落無底深淵、恐懼到以為自己會死，困窘到覺得無法活下去，結果到最後卻沒有任何事情發生的過程。沒有新的言語暴力、沒有新的羞辱、沒有新的恐懼感來源。於是，我們將可以一點一點地學會跟自己深刻的恐懼與困窘在一起。知道原來它不會讓我們死掉、原來它不會傷害我、原來我是安全的、原來那個傷害我的人已經不在了，而我需要練習著不要傷害自己。

不標準，又如何？

在走向非暴力溝通的過程中，我們會一點一點地放掉那些因為創傷而被迫學會的反應，重新擁抱健康正常的情緒。於是漸漸有了很多「不標準」的情緒反應出現，像是不知道為什麼想哭而哭起來、聽了一句嚴肅的話卻被戳中笑點。

在標準的世界裡該怎麼做、該怎麼講話，一切都有標準答案；不標準的世界裡，我們所做的一切都順著自己的情緒和需要而真誠地、不扭曲地表達，因此可能遭致許多誤解，也會需要面對「真實的自己」跟大家期待不同的挑戰。這種時候究竟該坦承地描述自己的經驗、袒露自己的不足，或是隱藏自己，躲身在安全但面目模糊的地方？究竟是持續地遭創傷卡住，成為固定模式的人，或是拾回完整的自己，成為脆弱卻真實的人？

非暴力溝通希望我們有勇氣朝向後者，在關係裡頭勇敢。不是躲在權力後面，而是做為一個人，留在關係裡，表達自己的情緒、需求與脆弱；不是躲在某些東西後面隱藏真實的想法，而是在自己覺得舒服的範圍內往前一步，冒險袒露真實的自己，那些不夠完美、跟標準不一致、有點奇怪、常常被迫割除的自己。

同時，這也能讓我們獲得隨之而來的豐盛關係，那獨一無二的信任與真實的關係。抛出真實的自己後，竟然有人穩妥地接住，沒有摔落一地的珍貴連結。隨著這一切的發生，也能讓我們擁抱完整的自己，不再麻痺所有的情緒跟需求，而是擁有既脆弱、又幸福的完整生命體驗。一步步地接回這一切，並且試著從自己的經驗裡梳理出一個方法，能把自己的故事好好地講給別人聽。

那好難，需要好勇敢才做得到。我佩服這條路上的許多前輩，他們的每一步都堅定不移。明明暴力很容易又方便，但仍然堅守在這條無傷的路上，一心一意地實踐著。

縱使挫折，你依然願意嘗試非暴力地跟自己或他人說話嗎？或者，你會希望找到一種好的溝通方式控制一切，讓事情照自己的希望前進就好？每一次開口，你都會怎麼選呢？

心理學能幫忙，但你得自己來

溝通，是一件很難的事。在非暴力溝通的課堂上，我試著拆解再拆解這件很難的事，直到它變得很原始。然後，大家才第一次發現：「原來我們的腦袋裡有這麼多東西！」並且情不自禁地問：「那麼我的這些東西是從哪裡來的？」「為什麼這一切這麼簡單，我們卻很難做到？」

心理學處理的就是從「別人說的話」到「我聽到的話」中間的事；它處理的也是從「客觀事實」到「我看到什麼」中間的事。

而很多時候，這幾乎就是「所有事」。關於我們如何理解、如何聽話、如何準備說話、如何說話、如何拉住自己、如何安撫自己、如何耐下性子聆聽別人、如何在盛怒下還能記得要對關係有幫助、如何在不容易的處境裡，記得尊重每個人的個體性。

這一切不用學，我們似乎天生就會，所以心理學的重要性時常遭到低估。但我們卻沒有意識到，天生就會的這一套，其實人人不同。而我們就這樣帶著自己的一套跟別人互動。有些人比較接近，所以溝通比較容易；有些人跟自己這一套差異太大，所以無法順利溝通，然後就指責對方奇怪或不講道理，甚至任意貼上「性格頑劣」「有病」的標籤，讓偏見分裂彼此，還認為自己所做的一切都很合理。

心理學能做的，就是讓每個人都感覺跟思索一下如何「回歸原廠設定」。究竟哪些事是蒙受了不該蒙受的傷害而帶來的創傷反應？哪些事是對自己的情緒不敏感而帶來的暴怒、無法忍受強烈情緒而只能迸發出來的暴力、內在恐懼帶來的強迫行動、明明不想這麼做卻一不小心就脫口而出的傷人話語。這一切的背後，都是有故事的，像是被工程師密密麻麻編寫了複雜的程式語言，而我們照著這一切行動，卻並不喜歡這一切。

多虧心理學能幫助我們找到這複雜的程式語言，也助我們撰寫新語言。但這件事最難的地方大概在於「一切都只發生在你的腦袋裡」，並不是別人有辦法幫助你處理的事。

你改變了多少原廠設定？

我喜歡非暴力溝通，因為它將詮釋的可能性留給個人。而心理學能做的，就是提供組織詮釋的素材與媒介，讓你可以試著比對、試著對自己好奇，而不需要急著「對號入座」或是忙著求專家幫自己分析，而是能從學習非暴力溝通的歷程裡摸索到描述自己狀況的方法。

就像前文提到我要買一個耳機，先生問我「它真的壞了嗎？」我聽到的卻是「你就是不相信我」「你就是不讓我買一個新的」「你認為我亂花錢」；或是先生只是八、九個小時沒有接電話，我的腦袋裡卻忍不住開演了無限的小劇場，認為他一定是做了這個做了那個，我們的關係一定完蛋了；或是像作家布芮尼．布朗在游泳的時候對著先生笑了一下，但他沒有回應，就認為一定是她現在穿泳衣不好看了，覺得自己身材又醜又糟而火冒三丈，但先生只是沒有看到她的笑容，享受著那個平靜的片刻、想著今天真美好。

當我看一件事，卻無法不把它跟我的小劇場混在一起，那表示大概有什麼事需要澄清；當我聽一句話，卻無法準確地聽見你說的「那句話」，那表示大概有什麼故事需要仔細地說出來。我不知道裡面是什麼，但知道裡面有些什麼，而那是我們可以開始對彼此感興趣、對彼此多一點包容，或是對自己有更多好奇或悲憫的開頭。

所以我們需要「回歸原廠設定」的能力，去理解什麼語言是最原始的語言，然後我們才能理解，自己究竟在這些原廠設定上加了多少額外的東西。而這些並不是理所當然的事，反而時常干擾我們的溝通。

你聽到的話也時常不是別人說的話嗎？你看到的事實也時常不小心就加了很多判斷或小劇場嗎？那裡面或許有非常多故事等待你來聆聽，等待你來述說，才有辦法不在我們的腦袋裡妨礙自己建立渴望的人際關係，或是破壞我們辛苦建立的許多人際連結。

這一哩路很困難，更因為它只在你的腦袋裡，所以只能透過放慢速度、加倍覺察自己的思緒來達成。

我們能提供一個友善的環境，避免增加新的不良刺激。我們能提供許多知識跟辨識的機會，幫助你走得更平穩。但這一哩路，是別人無法替你走，只能你自己走的一哩路。

願每顆總是難以聽清彼此的心，都能勇敢踏上這一哩路，找回自己的本來面目。

言語暴力中有太多腦補的觀察

要知道「看到事實」這件事有多難，只要做一個實驗：大家一起看影片，然後試著聽看看大家究竟看到什麼？

這就是我們在社大課堂裡做的事。然後，我們第一次發現，原來「看到事實」有多麼困難。我們每天總是說著許多話，更時常認為自己說的話就是「真相」，卻很少有機會發現這些東西與其說是真相，更準確地應該說是自己的觀察。

我們的「觀察」時常受到各種東西影響，既可能不是事實，又可能妨礙我們溝通。當自己的角度遮蔽了一些事情，自然無法看到全貌；當有一些自己的限制，瞎子摸象自然無法了解全面；當內心有著自己的恐懼，男朋友沒有接電話就覺得一定是出軌了；當內在有些自己的不安，看著老婆就覺得她一定準備掏空自己跟小王跑；當有一些深刻的惶恐與無助，看著老闆就會覺得他一定不可能充滿善意，是個渾球要壓榨我到死。

但要懷疑自己的感受跟想法，實在非常反直覺。畢竟這要我們能拉住第一時間任著情緒狂奔的自己，然後站在自己旁邊，對自己說：「慢下來，先把情況看清楚。」「這裡的狀況不一定是你感覺到的那些。」「我們總是有能力解決問題跟保護自己的，不用擔心，也不要急著馬上反應。」「馬上反應可能是馬上犯錯，我們可以慢一點。」這一切，需要大量的練習。通常我們是透過跟別人的互動開始的，然後才逐步學會也能這樣對待自己。

但在充斥著各種言語暴力的環境裡，讓我們都勢必在某個地方蒙受著傷害，而且持續地以施虐者的方式對待自己，腦補了自己的觀察，認為施虐者的行為是有道理的，只要滿足條件就可以迴避。

所以，不難發現為什麼言語暴力帶來的傷害既持久又長遠，因為它不只打破了一個人安全的自我界限、情緒界限，更破壞了一個人如何觀察、如何信任別人、如何友善跟別人互動的關係。同時，它也讓一個人學會以暴力的方式對自己說話，就像施虐者怎麼對自己那樣。

施虐，是一種無知的狀態，對自己所持有的資源跟權力一無所知，恣意利用對方的狀態；施虐，是一種無能的狀態，對於自己的情緒缺乏覺察與體會，又被各種僵化的標準或刻版的角色所囿限，認為沒有其他選項。

施虐者之所以訴諸暴力，除了他就是想這樣做，也是因為他對自己的創傷一無所知。否則，人其實有許多方法排解自己的負面情緒、陪伴擁有負面狀況的人尋求更多協助，進而創造某種還不存在的解方來引入更多資源。

我們所受的言語暴力，會讓我們極端容易成為新一代的施虐者。差別只是，受虐的是「別人」或是「自己」。

所以我們需要大量的練習，也需要大量的復健。在一個安全的氣氛裡，一群人彼此允諾不傷害彼此，在共同朝向一個善意共好社會的前提下，一起努力練習，試著覺察在我們的語言裡究竟有多少「言語暴力」的成分。對著別人，也對著自己，試著一步步退回到那個最開始的、未曾受傷的地方；試著看到每一個傷口，然後一點一滴地療癒它。

這是一個大難題，需要我們付出大量的努力，宛若在自己的大腦裡一邊開機一邊修改程式碼那樣。所以，言語暴力才總是如此橫行；所以，我們才總期待著從別人開始改，卻沒發現自己也是那之中的一份子。

我們都能成為這個社會共好跟友善的力量，就從「說出口的那句話」開始。那很難，但感謝每一位願意陷入這樣窘境、每一位一起練習著從失語到重新學會說話的夥伴或讀者。謝謝你們的存在。

願每顆飽受這世間殘酷的言語暴力所傷的真誠之心，都能有勇氣從自己開始，成為改變世界的力量。

你想展開真正的「溝通」嗎？

面對溝通，常見的幾類問題是：

一、我想知道怎麼溝通，這樣他就會聽我的？

二、我不知道為什麼明明想好好溝通，但就是會忍不住爆炸？

三、我把自己照顧好了，為什麼別人要一直來煩我？

大家說著的都是「我們想知道怎麼溝通」，但上述三種提問者想學的，其實卻都不是溝通。

像（一）這樣的句子，你我應該都不陌生。它說的是：「我想學會某種神奇的溝通方法，然後對方就會聽我的。」這種句型裡預設的是控制者與被控制者的關係。我希望微調某種動作，然後對方這個受控制物，就會因此往我期待的方向移動。但這不是溝通，而是「控制」，而且通常沒有把對方當成一個獨立個體。

像（二）這樣的句子也很常見。它說的是：「我真心想好好學溝通，也知道自己應該怎麼做，但一腳就被對方踩爆。我就是沒辦法好好溝通啦！」這種句型裡帶來了生命裡最大的課題——向內轉，對自己好奇。是什麼讓我無法好好地安撫自己、拉住自己？我是否有什麼很深刻的擔心、很深刻的恐懼、超過我個人能承受的擔憂或焦慮？我是否承受遠遠大於個人的某種社會壓力，讓我無法有餘裕去思考別的可能性？但要能向內轉，其實是需要大量餘裕的。

有餘裕，才能不必擔憂自己的下一頓飯在哪裡、才能擺脫身心極端難忍的狀況而往內轉、才能不須排除各種立即性的生活問題，擁有一個安全的空間能停留、有自主不受壓迫或剝削的空間。然後隨之而來的才是精神上的餘裕，才有接觸到心理學或是個人成長觀點的契機。

於是，我們才能有機會「向內轉」，去關注自己如何長大、成長的路上如何遭受各種創傷、怎麼慢慢地跟這些過去的創傷和解，逐漸地對那些過去的傷口不再敏感。然後一點一滴地學會如何安撫自己，也一點一點地學會拉住自己。

因為向內轉這種類型的課題非常難，所以花費了大把精神、金錢跟力氣療癒自己的人們，時常輕易說出像（三）這種類型的句子，也就是：「我已經做了自己人生的功課，為什麼你不做自己的？」

這大概就是我會愛上非暴力溝通的理由，因為它總是看著「關係」。而關係應該是：不對彼此的苦痛別過頭去。

人總是在關係裡的。努力做著療癒自己這項功課的人，必然也在某些時候受到其他那些還沒做功課的人協助。當我每天從每餐五十元的小吃店取得便宜的三餐，卻回過頭貶抑別人「不為自己的療癒負起責任」，其實是不公平的事。因為我只將關係當作「具有商品交換價值」的東西而已，而沒有看到小吃店老闆需要多辛苦、多勞動，才有辦法維持這樣的營運，讓我能便宜地以五十元取得一餐。

非暴力溝通讓我不把你當成受我控制的物品，我也不把自己僅僅當成是工具或物品。然後，我會總是試著讓自己停留在關係裡，用盡全力地試著不對彼此的苦痛別過頭去。無論你發生了什麼事，無論我是否暫時無法理解，我都會試著支持、試著理解。

這種關係太罕見了，連在「家庭」這個社會最小單位裡，都不見得能找到，於是在這個社會裡要振臂疾呼「社會安全網」的時候，簡直像是天方夜譚。

你曾經擁有過這樣的關係嗎？無論如何痛苦、無論如何奇怪、無論如何不同、無論如何想成為不一樣的自己，都有一個人願意一直看著你、一直留在這樣的關係裡、一直試著理解你、一直陪伴你跌跌撞撞、一直在安全的距離裡讓你明白著自己不是一個人，但有些功課只能自己做。

在關係中彼此療癒

在一個充斥言語暴力的世界裡，我們總是在脆弱處遭到襲擊，然後再被施虐者要求不能反應、不能暴衝，要控制得好好的，否則就違反這個世界的規範，不然就被認為是情緒失控而丟到心理師面前，要求心理師修好。心理師不是神，沒有能力修好一個充滿暴力系統裡的正常情緒抗議。

但是，我們總可以選擇移動到一個不那麼暴力的地方，選擇一些不那麼暴力的朋友。或是選擇好好地辨識自己的內在對話：哪些語言充斥著言語暴力，哪些語言是非暴力的。或是好好揀選那些「尊重自己存在也尊重對方存在」的語言，讓我們能在關係裡協助彼此、互相療癒。

沒有任何一個人能孤零零地療癒自己，也沒有一個人可以真空地活著。

我們總是寓居於關係之中，所以溝通才會那麼重要，溝通裡隱含的言語暴力才會那麼傷人。如果療癒自己的代價是拋棄所有關係，那是不可能成功的事。因為我們通常寧願擁抱充滿傷害的關係，跟著那個重要的人一起經歷起起伏伏的人生。

所以，每一次小小的療癒、每個朝向非暴力溝通的小小調整，都會是巨大的改變。

在說話以前，明白自己有受傷的地方，對方也有疼痛的傷口；明白這一切並不是自己的錯，也不是對方的錯，而是這個世界還充斥太多言語暴力，我們還有很多可以努力的空間。試著懷抱著非暴力的精神，如：「我是好的」「你也是好的」

「我不會對你的苦難別過頭去」，然後我們就能好好地在關係中協助彼此療癒。

願每顆在當代社會裡撕碎得孤零零的心，都能憶起我們本來就是一張網。每一個細小的改變都會產生無限的漣漪，透過一點一滴地改變自己，就能成為改變社會的力量。

非暴力溝通無法讓事情完美，卻能讓我們無傷

「語言非常強大。不只描述事實，而是創造出它描述的事實。」——《正念溝通》，頁二九。

如果你學習分辨言語暴力跟非暴力溝通，是為了讓一切溝通變得順利，我想你勢必會失望。非暴力溝通實踐的目標並非控制，所以沒有辦法讓事情變得順利。能夠一直堅持在非暴力溝通路徑上的人們，通常有其他理由，而且這些通常會通往個人很深刻的信仰。例如好好尊重一個人、不再複製傷害、永續共好地生活等等。

但這通常不是大家想學習溝通的第一反應。身為在社區裡工作的心理師，當大家說著「想學溝通」的時候，我已經很習慣大家想學的其實是「某種神祕的話術」，例如某種名字很炫的溝通法、某種蛋糕式的句型結構、某種包含起承轉合的句型。

推廣者通常附帶說明：只要這樣說，「一切就會順利」「孩子就會聽話」「孩子就會更有自信」「就會更容易消弭爭吵」「就能不爭執地取得共識」。仔細思索的話，會發現上面這些句型其實都帶有隱微的操控，只是越做越細緻。它們看來是不像控制的控制、不像要求的要求、沒有情緒勒索的情緒勒索。換句話說，它背後依然是控制，也就是權力不對等的言語暴力。

學習跟實踐非暴力溝通，不會讓溝通一夕之間變順利。同學時常問：「我學習了非暴力溝通以後，朋友或家人感覺我說話變得很奇怪，害我時常被嘲笑。這種時候該怎麼辦？」「我上次試著以非暴力溝通跟家人溝通，但沒有變得比較好。我好挫折。」

這種時候，我通常只能回覆：「非暴力溝通無法保證對話一切順利，但能幫助我們不造成新的傷害。」而有時候，在緊密關係裡不造成新的傷害，就已經是很難得的事了。不評價、不否定、不認為都是對方活該、也不強化那些「我好你不好」的討論，就已經很難。

特別是我們每個人身上都有許多傷口，每個人過去曾經遭受的許多不同程度言語暴力，在身上一刀刀成了很深的傷痕，有許多一碰就會跳起來，馬上就無法溝通跟互動、馬上就會陷入強烈的情緒、馬上就有必須逃離現場的衝動等等。這些傷口如此清晰又如此隱密，直到觸碰到它以前，我們通常都無法指認它們的存在。

假使你已經漸漸從自己受傷的經驗理解了「言語暴力」究竟是什麼，可能會深刻地領會到言語暴力如何無形卻又殘酷地，讓聽者都忍不住限制自己的情緒表達方式、自我表達以及自我堅持的能力；讓人逐漸放棄自己、放棄健康的自我保護力量，臣服於某種不該屈服的暴力濫用；讓人從內部逐漸癱瘓，放棄一個豐富有感觸的生命，靜靜地、鬱鬱地過生活。

每一次開口都是一個選擇，雖然非暴力溝通無法保證順利，但不造成新的傷害、不再持續以言語暴力切割彼此，或許已經足夠？

這不會是一條容易的路，也不會是一條總是順風的路。有時候能跟對方心靈相通；有時候反而遭到雙倍暴力襲擊；有時候感覺自己很笨拙，不知道為什麼這樣不會說話；有時候斥責自己過去傷害了許多人；有時候漸漸學會對自己使用非暴力溝通；有時候感覺能開始好好跟自己連結，不斥責自己、疼惜自己。這些起起伏伏會像海浪般浮動，沒有固定的狀態，有時漲潮有時退潮，有時做得好有時做不好，有時對方懂有時對方不懂。

真正重要的是：你會怎麼選擇？

無論你怎麼選擇，非暴力溝通都不容易，是需要持續投注心力的實踐。我們需要找到自己能長久持續的步伐，偶爾原諒自己的小錯，放過自己有時以言語暴力傷害別人，然後再回到非暴力溝通的努力上。一旦放棄了，就會回到原來的言語暴力氛圍。但每天的堅持，會帶我們看到不一樣的自己及不一樣的關係。

正因為沒有簡單速成的做法，所以我總是很感謝每一位起心動念願意學習非暴力溝通的學員，也很感謝從琳瑯滿目的書海裡拿起這本書讀到現在的你。光是這一個動念，就讓人感動。縱使我們都忙到沒有力氣實踐，光是有越來越多人願意一起相信這樣的事，就足以期盼我們或許有機會打造一個共好療癒的社會，而那是一件非常美麗的事。

感謝每一位願意踏上這條冒險路途的勇敢之心，願意試著在不保證結果的荒原裡堅持無傷地前行。

剛好的喝止

「我是在愛的喜悅中行動，還是在不被愛的恐懼中行動？」——《醒醒吧，老好人！》，頁一二九。

在本書中，我將語言大略切分為三塊，也就是：我說我的事、我好奇你的事，以及我討論你的事。其中，在未加思索的情況下，「我討論你的事」絕大多數可能是言語暴力。因為環境中充斥著言語暴力，我們極其容易在不經意之間就複製了不友善、不對等、不尊重對方情緒或需求的語言來討論，並在這樣的過程間無意識地傷害了對方。

然而，非暴力溝通的書籍裡也提到一個重要的例外，也就是「免受傷害的喝止」。也就是討論對方的事，是基於讓對方免受傷害。假使不做，對方會遭受非常嚴重的傷害。

沒有經過仔細思辨以前的「我討論你的事」，很容易施加各種不對等的權力關係，並且限制聽者表達、堅持的種種權力跟自由。因此，在本書前面章節，我將這個部分歸類在「言語暴力」中。然而，假使你經過審慎思辨便會發現，其中其實有個例外，也就是面對真正會發生的嚴重傷害，我們必須基於保護對方而進行喝止。

像是曾經看過的一段定點彈跳影片。跳躍者在橋邊已經將手張開舉向兩邊，正準備一躍而下的時候，旁邊眼尖的朋友跟教練發現他只穿好身上的護具，卻沒綁上腳邊的繩索，因此急忙大喊：「你的護具沒穿好！搞什麼鬼！」結果當事人發現自己真的沒穿好，又爬回橋的另一邊。旁邊看到這一切的人都嚇出一身冷汗，一直跟跳躍者說：「嚇死我了，你欠我一手啤酒。」

假使沒有人阻止跳躍者，那麼當他一躍而下時，將沒有任何防護設備。他不會有任何「彈跳」，而只是墜落的自殺行為。因此在這個情境裡「我討論你的事」，則是一種必要且重要的保護，是為了避免進一步造成更嚴重傷害的「喝止」。

然而，接著就得展開極為困難且漫長的思辨，討論必要且重要的保護界線究竟在哪裡。定點彈跳沒綁腳繩會致命，需要喝止；孩子拿著尖銳的竹子互戳會受傷，需要喝止；工人沒戴安全帽跟護具就進入工地或高空有風險，需要喝止。那麼，當家長擔心孩子升學不順利、就業不順利、婚姻不順利的各種「我是為你好」呢？究竟哪些是「觀者小劇場上演的各種八點檔劇情」？哪些是「真的會發生的嚴重傷害」？

如果我們很習慣言語暴力跟控制，通常會過早喝止，限制對方的探索跟實踐；

如果我們誤以為不應該進行任何干擾跟控制，通常會放棄喝止，導致嚴重的後續傷害。

這是沒有標準答案的事。不同的人、不同的關係、不同的限制裡，哪些時候是「剛好的喝止」，是很需要思辨的一件事，也很需要發話者對自己權力有妥善的制約跟覺察。如此一來，才能避免因為自己的焦慮跟擔憂，或是自己腦內盛大的小劇場而過分限制聽話者的權力。這是一場很難的鬥爭。

非暴力溝通的核心是愛與連結，不妨留意自己在喝止時出現的念頭，是為了自己的擔心，或是為了對方的身心安全？

願每顆在關係中總是記掛著他人的心，也能看到關係中的界線，盡可能地給出最大的空間，讓對方盡情做自己；也謹記自己是有力量的人，能在必要時喝止進一步傷害的發生，好讓我們都能安全地做自己。

非暴力語言
我們不同
沒有誰好誰不好
暴力語言
權力不對等
我可以，你不行
非暴力溝通的核心是：
愛與連結。

用非暴力的耳朵
聆聽他人
學習辨認
暴力語言
允許彼此
表達
脆弱和需求
減少使用
暴力語言
建立
更真實的關係！

結語 這不是一個限制，而是一份邀請

身為一個受到言語暴力深刻影響的人，我撰寫這本書並不是想提出某種標準，強調只有某種說話方式才是可以的。我寫下這本書，是為了自我療癒，也為了療癒那許多有苦難言的言語暴力受害者們。

透過這本書，或許我們能看到自己的影子。我們能有機會一起看看日常生活那些稀鬆平常、以為沒什麼特別的語言，竟然這樣影響著我們對自己的看法、自我的界限、情感的界限、需求的表達，也讓我們一直受著某種無以描述的苦。

我希望透過本書的辨析，攤開一張描繪「語言、權力與選擇」的地圖給每一位讀者。不是限制你我能或不能怎麼說話，而是指出這樣的語言會帶來怎樣的後果。然後，我們可以帶著清晰的腦袋，試著站在問題的上游，思考自己是否希望繼續複製這一切？

所以，與其說這本書是一個限制，不如說它是一份誠摯的邀請。希望邀請每一位願意拿起這本書來閱讀的你，理解開口所說的每一句話，都是一種選擇，能維持現狀或是朝向共好。

踏上英雄之旅，徐步前行

從「暴力溝通」通往「非暴力溝通」的旅程，不會是一蹴可及的事，更是一場艱難的旅程。就我個人而言，很多時候依然會深陷於嚴重的自我譴責裡；很多時候內心依然無法平靜地找到合適的非暴力語言；很多時候依然會任著評價脫口而出再後悔。

我依然不能做得很完美，然而一旦放棄，就會維持現狀，回到助長暴力的狀況裡。但要不放棄，就得忍受自己常常無法如自己期待般順利轉換語言，甚至還會遭到很多過去的暴力錄音帶襲擊，反覆地接觸自己最恐懼、最脆弱的事而膽怯退縮，懷疑是否回到原來習慣的痛苦會比面對未知的恐懼更好。

但這是一趟心理學俗稱的「英雄之旅」，能幫助我們深刻地理解與發現自己是誰，同時也嘗試著不壓迫別人，這不會是一趟輕鬆的旅途，既沒有固定的地圖，也沒有標準答案，更沒有人告訴我們該堅持到哪裡才好，途中充滿著顛簸與不安全感。但好處是，這是一條能自我堅持，也能捍衛彼此的共好之路，更是一條每個選擇踏上的人都需要花上一輩子走的路，所以我們都不必著急。

邁步往前時，我們總是會帶著許多過去還沒有機會整理的個人創傷跟印記。有時它可能會爆發讓我們彼此傷害，有時它則會讓我們脫口說出許多暴力語言。這種時候，請記得給自己多一點的寬容。我們沒有辦法一步到位，總是前進三步又後退兩步。不妨用自己能接受的步伐，在自己感到舒服的狀態下一步步向前。這樣就足夠了。

願意發願，從現在開始留意自己每次說話時使用的語言，就已經是對這個世界很大的祝福。偶爾做不到、做不好、沒有很完美，是每個人都會犯下的錯誤。就讓我們試著包容彼此、原諒自己，也原諒彼此吧。我們會隨著非暴力溝通的學習，一點一點地更朝向深刻的自我療癒、與各種內在的不和諧和解。

言語暴力的受眾是誰？

言語暴力如此常見，又如此頻繁，要停下這些暴力似乎成為了一件不可能的苦差事。假使你曾這樣認為，不妨留意一下究竟是哪些人對你使用暴力語言，你又會對哪些人回以暴力語言。

依照羅洛梅的說法，身為人必然擁有的五種權力中，最後一種是針對剝奪自己生存權力的人，可以合法捍衛自己的「暴力」。所以言語暴力真正應該針對的對象，或許應該是那個「剝奪你生存權力的人」。然而，我們絕大多數時間裡使用的言語暴力，通常都反而針對那個容易讓我們以言語暴力抒發情緒、控制或施虐的對象。

現在，你是否有些有趣的發現？你所使用的言語暴力究竟是否合理？你攻擊的人是意圖威脅你存在的加害者？還是只是方便他人發洩的受害者？

非暴力溝通雖然是個看起來非常柔弱，感覺沒有什麼影響力的語言，但是在國際上許多高衝突情境的協商裡，包含國際衝突、法院調解、醫療糾紛的應用上卻都加以應用，就是因為它擁有非常強烈的影響力。在各種高衝突的情境裡，假使我們能回到當下討論每個人的需求，才更有可能找到和諧共存的解決之道，而非總是你死我活、你對我錯、你輸我贏的黑白二分。

非暴力溝通能帶著我們離開言語暴力的世界，從統治與被統治、命令與服從，回到你好我也好、我們不一樣但也沒關係的狀態。這能讓我們內外和諧地表達、更平和地找到方法跨越各種眼前的困境，一起好好活下去；也能更寬廣地包容接納各種不同的可能性，讓每個人都能做自己，逐步朝向那個多元共榮的社會，使每個存在都感覺尊榮。

我們的每次開口，都是一個選擇。你選擇維持原狀，或是朝向共好？

再次感謝願意從成堆書海裡拿起這本書的你，更謝謝你願意讀到這裡。願我們都能有智慧找到內外和諧真誠執心的語言，多元共好且彼此扶持。

願我能為自己，為他人，持續耕耘這片和平之地；
堅持、信心、全心投入、不計成果。
願我了知我的平和與世界的平和同一無二；
了知世界的平和乃是我們行事正直的結果。
願一切眾生平安、喜悅及安詳。

——慈心頌，摘錄自《直到死亡貼近我》

附錄　情緒需求表

本處引用的情緒需求詞彙表，引自香港創傷同學會的《同你聆聽卡》。感謝這套牌卡的設計者池衍昌和Ruby Yeung，願意讓本書參考跟引薦這些詞彙給台灣的非暴力溝通讀者。

- **通常是需求未滿足的情緒**

疲倦	不勝負荷	情緒激動	精疲力盡	害羞	挫敗
煩躁	厭煩	失望	困擾	灰心氣餒	憤怒
盛怒	怨憤	憎恨	頹廢	痛苦	悲傷
受傷	傷心	脆弱	鄙視	噁心	反感
羨慕	妒忌	困惑	猶豫	迷惘	震驚
不安	糾結／掙扎	害怕	焦慮	緊張	驚慌
癱瘓乏力	擔心	不適	感到壓力	冷漠	失去連結

麻木　孤單　失語　尷尬　羞恥　內疚

後悔　憂鬱　絕望　無力　悶　分心

- **通常是需求滿足的情緒**

精力充沛　欣慰　輕鬆自在　欣賞　開放　驚喜

安全　好玩　自信　滿意　放鬆　釋放

期待　舒適　平靜　感動　感激　激動

喜悅　受啟發　有希望　開心　興奮　熱情

鼓舞　驚嘆　好笑　有活力　投入　好奇

溫暖　溫柔　有愛　自豪　慈悲

- **需求**

真誠　欣賞　肯定　自主／選擇　美　歸屬感

關心　慶祝　感恩　挑戰　清晰　溝通
社群　陪伴　慈悲　能力　聯繫　體貼
貢獻　合作　創造力　好奇心　多元　尊嚴
輕鬆　成效　同理心　自我表達　流動　信任
自由　成長　幽默　希望　和諧　包容
獨立　靈感　整合　親密　正義　學習／探索
愛　意義／目的　哀悼　滋養／食物　秩序　和平
運動　玩樂　力量　臨在　保護　責任
復甦　分享　庇護　性表達　空間　昇華
刺激　靜止　靈性　得到重視　永續　資訊透明
齊心協力　相互依存　共同福祉　人身安全　心理安全　內在平安
力量　願景　身心健康　放鬆　支持　隨興
被看見　身體觸碰　理解　溫暖　脆弱　一致
同等重視　言行一致　相互關係　尊重

國家圖書館出版品預行編目（CIP）資料

你說的是愛還是傷害：坦率擁抱真心的20個非暴力溝通練習/陳亭亘著. -- 初版. -- 臺北市：今周刊出版社股份有限公司, 2021.09
336面；14.8X21公分. -- (社會心理系列；30)
ISBN 978-626-7014-11-0(平裝)

1.人際傳播 2.溝通技巧

177.1　　110011773

社會心理系列0030

你說的是愛還是傷害

坦率擁抱真心的20個非暴力溝通練習

作　　者　陳亭亘
副總編輯　鍾宜君
主　　編　蔡緯蓉
行銷經理　胡弘一
行銷主任　彭澤葳
封面設計　職日設計
內文排版　菩薩蠻數位文化有限公司
內文插圖　邱思華
校　　對　陳亭亘、蔡緯蓉、李韻

發 行 人　梁永煌
社　　長　謝春滿
副總經理　吳幸芳
副 總 監　陳姵蒨

出 版 者　今周刊出版社股份有限公司
地　　址　台北市中山區南京東路一段96號8樓
電　　話　886-2-2581-6196
傳　　真　886-2-2531-6438
讀者專線　886-2-2581-6196轉1
劃撥帳號　19865054
戶　　名　今周刊出版社股份有限公司
網　　址　http://www.businesstoday.com.tw

總 經 銷　大和書報股份有限公司
製版印刷　緯峰印刷股份有限公司
初版一刷　2021年9月
定　　價　360元